Quand l'amour emprisonne

Béatrice Copper-Royer
Marie Guyot

Quand l'amour emprisonne

Parents, conjoints, amis, collègues…

Albin Michel

« Deviens sans cesse celui que tu es, sois le maître et le sculpteur de toi-même. »

F. Nietzsche, *Ainsi parlait Zarathoustra*

Sommaire

Introduction

L'idée de ce livre a germé en pensant à tous ces enfants pris en otages dans des contextes de séparations conflictuelles. Bien des parents, quand ils se séparent, se soucient de ne pas ajouter de la souffrance à la souffrance et cherchent à protéger leurs enfants. Mais il en est, envahis par la colère et le ressentiment, qui utilisent leurs enfants comme une arme et font d'eux un enjeu pour garder le pouvoir, le plus souvent au nom de l'amour qu'ils leur portent et du souci qu'ils ont de leur bien-être. Les enfants se retrouvent alors sous l'emprise de haines tenaces et pathologiques dont ils ont bien du mal à se dégager.

Dans nos métiers de psychologue clinicienne et de journaliste spécialisée dans le domaine de la santé, nous avons été frappées, l'une comme l'autre, par le poids de liens tissés dans le déséquilibre affectif, qui deviennent une entrave à la liberté. Ils s'inscrivent dans l'histoire personnelle de différentes manières, souvent à l'insu de tous, de façon inconsciente. Par amour, on peut se mettre sous l'emprise affective d'un proche ou prendre un proche en otage…

Nous avons recueilli les témoignages de dizaines d'hommes et de femmes de tous âges, provenant d'horizons différents, qui se sont retrouvés sous l'emprise d'un père, d'une mère, d'un frère, d'une sœur, d'un conjoint, d'une amie, d'un chef ou d'une collègue. Ils se sont laissé aliéner sans le savoir par quelqu'un qui n'était pas forcément habité par la volonté de leur nuire. Il ne sera donc pas question de pervers narcissiques, ces manipulateurs conscients d'écraser l'autre pour conforter leur pouvoir, mais plutôt de personnalités qui recherchent, à travers l'emprise, une façon de se renforcer, de se réparer, de se consoler ou d'être aimées. Il ne s'agit pas d'histoires extraordinaires, juste d'épisodes de vie comme on en traverse tous. Mais des épisodes essentiels qui, s'ils sont bien analysés, aboutissent à une remise en question constructive et permettent d'avancer vers plus de clairvoyance, d'autonomie et de liberté. C'est un parent qui nc peut laisser s'éloigner son enfant en âge de quitter le nid et le retient en pratiquant le chantage affectif. C'est une sœur aînée dans une position de toute-puissance qui infantilise sa cadette, pourtant adulte. C'est une épouse asphyxiée par la jalousie de son mari, qui ne la veut que pour lui. C'est une jeune femme qui met en échec sa vie amoureuse par peur de trahir ses parents et de se détourner d'eux. C'est une autre qui tyrannise sa «meilleure amie», en l'abreuvant de ses «bons conseils», et projette sur elle ses problématiques personnelles. Ce sont ces patrons qui manipulent leurs collaborateurs en jouant sur leur problématique affective, quitte à leur faire vivre des situations insupportables.

S'il n'y a pas forcément d'intention malveillante au départ, il y a une violence certaine, une puissance qui peut se révéler destructrice, et qui, au minimum, vient envahir l'autre et l'entraver dans sa liberté d'avancer selon son propre désir. Celui qui se retrouve prisonnier d'une telle emprise n'en a pas toujours conscience. En tout cas pas tout de suite. Il tire même de la situation des bénéfices secondaires – nous verrons lesquels. S'il s'en accommode, dans un premier temps, pour des raisons liées à son histoire personnelle et familiale, l'emprise finit généralement par lui peser, et lui paraître insupportable. Il se sent mal, a le sentiment de ne plus pouvoir avancer, la désagréable impression d'être coincé dans une impasse. C'est souvent à l'occasion d'un événement marquant dans sa vie – rencontre, deuil, licenciement, maladie, dépression… – qu'il va prendre conscience du problème et tenter de s'en libérer. Cela ne veut pas nécessairement dire que le lien va être rompu… Mais il devient impérieux de l'interroger afin de le faire évoluer, pour lui faire perdre sa toxicité. L'enjeu est de taille, car il s'agit de gagner en liberté, de s'affranchir, enfin, d'une tutelle infantilisante.

Ce livre dévoilera, nous le souhaitons, les profils psychologiques et les logiques inconscientes de ces hommes et de ces femmes qui emprisonnent par amour, et les moyens que les personnes sous emprise ont trouvés pour s'en sortir.

Nous remercions toutes celles et tous ceux qui nous ont confié leur histoire*. Nous souhaitons que leur témoignage vous aide à avancer vers plus de liberté intérieure.

---

* Quand ils en ont émis le souhait, nous avons respecté leur anonymat, en modifiant les éléments permettant de les identifier.

I

Quand l'amour des parents emprisonne

Souvent fort, parfois passionnel, le lien parent-enfant est toujours chargé d'ambivalence et de projections. Dans les témoignages qui suivent, des hommes et des femmes de tous âges racontent de quelles manières ils se sont sentis, dès l'enfance, entravés dans leurs choix par leurs relations avec leurs parents.

L'éducation ne passe-t-elle pas par une forme de mise sous emprise ?

Éduquer, ce n'est pas mettre sous emprise, c'est accompagner l'enfant pour qu'il passe de la dépendance totale dans laquelle il se trouve à la naissance à une autonomie de plus en plus grande, conduisant à l'indépendance. L'enfant naît dans une dépendance absolue, comme l'a souligné le pédiatre et psychiatre anglais Donald Woods Winnicott. Au fil des mois, l'état de fusion avec sa mère évolue, une distance s'installe, notamment grâce à l'intervention des tiers. À la différence des animaux, qui une fois sevrés deviennent très vite indépendants, chez l'être humain, cette autonomisation est plus longue à se mettre en place, et elle est d'un autre ordre. L'enfant a besoin des soins et de l'attention de ses parents pour se développer harmonieusement sur le plan affectif et se constituer une estime de soi et une sécurité intérieure suffisamment solides pour devenir un adulte autonome. La dépendance aux parents est inhérente à notre nature humaine. Mais le but de l'éducation est de développer, chez les enfants, des capacités d'autonomie – en douceur mais avec détermination – pour leur permettre de vivre loin de leurs parents.

Dans les problématiques d'emprise affective, il est souvent question de la mère. Est-il plus compliqué de se séparer de sa mère ?

C'est en effet souvent plus difficile, car c'est la mère qui a été dans la fusion corporelle pendant la grossesse et durant les premiers mois. En outre, certaines femmes trouvent dans la maternité, pour différentes raisons, une jouissance à se sentir toutes-puissantes. Et elles ont d'autant plus de mal à renoncer à cette illusion qu'elle vient souvent réparer leurs blessures narcissiques, liées au rapport avec leur propre mère et à leurs fêlures personnelles. Certes, les pères sont aujourd'hui beaucoup plus présents dans la vie quotidienne de leur enfant (pour donner le biberon, changer les couches, passer des moments avec eux…) ; mais les mères restent encore celles qui, en majorité, organisent le quotidien des enfants (repas, relais avec la crèche, l'école, les médecins…). Cette capacité à maîtriser toutes ces tâches à la fois les place – sans qu'elles l'aient forcément cherché – dans une situation d'omnipotence. Et en grandissant, l'enfant peut avoir du mal à se séparer d'une mère polyvalente qui apparaît comme parfaite, répondant à tous ses besoins.

En quoi le lien mère-fille est-il particulièrement complexe ?

C'est une relation qui peut être chargée d'ambivalence et de passion. Contrairement au garçon qui, après les premiers temps de rapports fusionnels avec sa mère, se détourne d'elle pour chercher l'appui d'une figure d'identification masculine, après la période œdipienne, la fille se retourne généralement vers sa mère. Mère et fille retrouvent avec bonheur cette relation pleine des premiers temps qui les comble. Ces retrouvailles réjouissantes créent une complicité et une intimité particulières entre elles. À l'adolescence, la fille a besoin de prendre appui sur sa mère qui lui donne des repères par rapport à la femme qu'elle est en train de devenir. La fille regarde sa mère vivre, travailler, aimer, séduire... mais elle doit se démarquer d'elle pour construire sa propre identité. Ce n'est donc pas si simple et les heurts sont fréquents. De son côté, la mère qui voit sa fille s'émanciper, devenir femme, est immanquablement troublée parce qu'elle sait qu'elle va bientôt s'éloigner, mais aussi parce qu'elle la voit soudain parée d'un pouvoir de séduction qu'elle pense être sur le point de perdre. Elle négocie tous ces émois en fonction de sa propre histoire. Parfois en douceur, avec tendresse et bienveillance. Parfois avec violence. Il peut y avoir entre mère et fille une sorte de fascination réciproque qui les lie de façon équivoque. Si l'accrochage est trop fort, le lien risque de se transformer en une dépendance qui empêche la fille de se construire et d'avancer.

Quel est le rôle du père dans tout ça ?

Aujourd'hui, les configurations familiales ont différents visages : recomposées, monoparentales, homoparentales... Il n'y a plus un seul modèle. Le triangle père-mère-enfant est bousculé et il est plus difficile de répondre à cette question. Le père est là pour énoncer la loi, loi symbolique qui signifie à l'enfant qu'il n'est pas l'unique objet du désir de sa mère et que cette dernière ne lui sera pas dévouée indéfiniment. Il rappelle à la mère qu'elle n'est pas qu'une mère mais aussi une femme avec une vie amoureuse, sociale, professionnelle. Il remet l'enfant à sa place d'enfant. Le tiers – qu'il soit le père, le beau-père, le grand-père ou la compagne de la mère – a un rôle essentiel ; quand il n'est pas incarné, il risque de maintenir l'enfant dans la fusion avec sa mère, ce qui a des conséquences dans ses relations aux autres, à tous les niveaux.

Traditionnellement, le père incarne l'autorité. Cela aussi peut peser lourd sur l'histoire des enfants, même devenus adultes...

Oui, mais il ne faut pas confondre autorité et autoritarisme. L'autorité est utile à l'enfant car elle lui permet de se structurer, et fixe des limites à son sentiment de toute-puissance. Quand on bascule dans l'autoritarisme, on est dans la prise de pouvoir, dans un système de domination de l'autre, où l'on n'explique pas le pourquoi et le comment des règles que l'on impose. Il y a de la violence, pas forcément physique, mais en tout cas psychique. L'enfant peut en déduire qu'il n'est pas un interlocuteur valable et respectable, juste un objet soumis à des règles aléatoires. Cela risque de l'emprisonner à plusieurs niveaux.

À partir de quand l'amour parental devient-il emprise ?

À partir du moment où il entrave l'autonomie psychique de l'enfant et va à l'encontre du mouvement qui, progressivement, étape par étape, le propulse naturellement vers l'extérieur. L'enfant est une personne à part entière, pas un objet manipulable à volonté ni un attribut de l'un ou l'autre des parents. Bien évidemment, il apporte de la satisfaction et du bonheur, et l'échange avec lui est gratifiant pour ses parents et les fait évoluer, mais il n'est pas là pour renforcer leur image, les rassurer ou les réparer. Au fur et à mesure que l'enfant grandit et s'approche de l'âge adulte, les parents doivent lui laisser la liberté de faire des choix qui ne sont pas forcément les leurs. Or, certains, qui ne regardent les choses qu'à travers leur propre prisme, sont dans un système de projections trop fort qui va, au contraire, ligoter l'enfant puis l'adulte qu'il deviendra, en le maintenant dans leur désir et en l'empêchant de devenir lui-même.

Se détacher de ses parents, n'est-ce pas le travail de l'adolescence ?

L'adolescence est en effet le moment où l'enfant est capable, et a besoin, d'avoir des références qui ne sont pas celles de ses parents. Il se tourne vers l'extérieur – copains, professeurs, stars et figures idéalisées… – pour trouver des supports identificatoires qui vont lui permettre de forger son identité propre. Il fait tomber ses parents de leur piédestal pour acquérir une autonomie de pensée, un jugement personnel. L'univers affectif, jusque-là centré sur la famille, s'ouvre sur le reste du monde. Cela peut passer par une crise, une opposition plus ou moins forte, de l'insolence, des mensonges, des transgressions, mais aussi se faire en douceur. L'essentiel étant que le mouvement vers l'extérieur se fasse, que le questionnement ait lieu. Si l'enfant, pour protéger le parent qu'il sent fragile, n'ose pas s'engager dans ce processus, la tentative d'autonomisation échoue et, même une fois adulte, il risque de rester dans le désir de ses parents, au détriment du sien. Cela dit, quelle que soit l'histoire personnelle, tout ne se règle pas à l'adolescence : devenir adulte, se dégager de l'emprise de l'autre, se laisser le moins possible entraver, c'est le travail de toute une vie…

Tout le monde ne fait pas de crise d'adolescence…

Si les parents lui ont accordé une autonomie progressive, l'adolescent n'a pas besoin d'en passer par la violence ou l'agressivité envers les autres et envers lui-même. Ce qui est important, c'est que l'adolescent comprenne, à un moment, que ses parents ne sont ni parfaits ni tout-puissants, qu'ils ont leurs limites, et qu'il est capable de s'éloigner sans danger et sans craindre de les perdre. Le travail de l'adolescence consiste à faire le tri dans ce qu'on a reçu de ses parents, à décider de garder certaines choses et d'en laisser d'autres de côté. Ainsi le jeune adulte devient-il capable de respirer son propre oxygène et d'exercer son jugement sans attendre l'aval de ses parents.

Dans les témoignages qui suivent, on voit que des adultes mettent du temps à prendre conscience du problème et à essayer de vivre leur vie. Pourquoi ?

Parce que, pendant toute une partie de leur vie, ils n'ont pas voulu ou n'ont pas pu le reconnaître. Ils ont défini leur identité en fonction du désir et du regard de leurs parents, en développant ce que ces derniers considéraient comme des qualités et en laissant de côté ce qu'ils appelaient des défauts, afin de se sentir aimés par eux, de leur plaire, de les satisfaire. Pendant longtemps, ils ont trouvé à cela des bénéfices secondaires : l'attention constante d'une mère fusionnelle qui rassure, le sentiment d'être indispensable, l'illusion d'être le centre du monde, la sensation de n'être jamais seul, de servir à quelque chose, de combler l'autre... Il faut souvent du temps pour réaliser qu'on est dans une cage dorée. C'est seulement confronté à la réalité de la vie, à l'obligation de faire des choix, qu'on en prend conscience et qu'on a envie d'en sortir. C'est là qu'apparaît le malaise, de façon variable, souvent avec force. Cela peut passer par la peur de prendre ses propres décisions, d'agir pour soi-même. Cela peut aussi s'exprimer par des échecs sentimentaux répétés, donner lieu à des épisodes dépressifs plus ou moins longs et graves, ou à des manifestations psychosomatiques (problèmes de sommeil, etc.), ou à d'autres symptômes plus forts, habituellement liés à l'adolescence, mais qui peuvent se prolonger ou ressortir plus tard, comme l'anorexie.

Doit-on obligatoirement en passer par un travail psy pour larguer les amarres et vivre de manière autonome ?

Non. Si le fait d'aller consulter un psy, à certains moments de sa vie, est entré dans les mœurs, certains éprouvent encore des réticences à le faire. Ils ont peur d'être embarqués dans une démarche qu'ils ne vont plus contrôler, va durer des années, leur coûter cher... D'autres sont mal à l'aise avec l'introspection, la verbalisation de leurs émotions. Ce n'est pas un passage obligé, mais cela peut être un soutien formidable pour trouver en soi la force de surmonter une souffrance, des doutes, des peurs. Il existe une multitude d'approches, thérapeutiques ou non, qui permettent de répondre au désir de chacun de se (re)trouver. Les techniques psychocorporelles – relaxation, méditation, sophrologie, yoga – se révèlent efficaces à condition qu'elles soient dispensées par des personnes compétentes et bien formées. La pratique sportive peut également être un bon moyen de s'affirmer en dehors des schémas familiaux. Les rencontres amicales et amoureuses, les réalisations professionnelles, les relations avec d'autres figures parentales choisies peuvent aussi aider à reconsidérer ses liens et à avancer sur sa propre voie.

Julie 22 ans, étudiante en BTS de tourisme

« J'ai peur d'abandonner mes parents si méritants. »

J'ai peur de tout et je doute de moi. Par exemple, je suis terrorisée à l'idée de prendre la parole en public, mais en BTS de tourisme, je suis obligée de le faire, et j'ai mal au ventre quinze jours avant. Je rougis pour un rien, j'ai toujours l'impression que les autres vont me trouver stupide, je suis, du coup, hypersusceptible – bref, j'ai toujours quelque chose qui me tracasse ! Mon fiancé m'a décidée à consulter car il n'en peut plus, et je crois qu'il a raison. On est ensemble depuis trois ans, on s'entend bien. En dehors de ma timidité, je peux faire la liste de mes peurs, elle est longue : peur d'être agressée, de grossir, d'être ridicule, de n'être pas à la hauteur, peur des situations que je ne connais pas. Et puis, j'allais oublier, j'ai tout le temps peur de ne pas être assez gentille avec mes parents.

Ce n'est pas nouveau, mais ça ne s'arrange pas. Comme en ce moment je dors souvent chez mon copain à Paris, parce que c'est plus pratique que de rentrer le soir en grande banlieue, j'ai peur de leur faire de la peine. Alors je leur téléphone tous les jours, et je m'impose de passer tous les week-ends chez eux, même si je ne les vois pas beaucoup... Ils ont un commerce et travaillent tous les jours, sauf une journée dans la semaine. Alors je leur donne un coup de main. J'ai toujours vécu dans l'appartement qu'ils occupent au-dessus de la boutique. J'ai été fille unique pendant huit ans, puis ma sœur est née. Elle a maintenant 14 ans. Pendant toute mon enfance, mes parents étaient à cent pour cent dans leur boulot. Ce n'est pas que je ne les intéressais pas, mais pour eux, s'assurer une vie confortable, c'était le plus important ! Ils ont eu une éducation rude, à la campagne. Mon père a commencé à travailler à 14 ans, ma mère à 16 ans. Je ne sais pas grand-chose de leur enfance car ils n'aiment pas trop que je pose des questions, mais je connais mes deux grands-mères, et je les vois de temps en temps.

Petite, je ne faisais pas de bruit, je travaillais seule. Ce n'était pas triste, c'était monotone. Je m'ennuyais souvent. J'étais souvent seule à l'appartement. Je me débrouillais. Je crois qu'en dehors de l'argent ils pensent qu'ils ne peuvent rien nous apporter. D'ailleurs on échange peu. On part toujours une semaine au soleil l'hiver. C'est le seul moment où ils ont l'air détendus, où on parle un peu, où ma mère semble plus joyeuse. Mais au niveau communication, c'est pas vraiment ça. Il va pourtant falloir que je leur parle de mon projet de m'installer avec mon copain. Je sais bien qu'ils ne seront pas contre, ils l'aiment bien, et même ils proposeront sans doute de nous aider... mais j'ai peur qu'ils se sentent abandonnés. Peur de les laisser tous les trois. Ils ne se plaignent jamais ! Alors je me dis que c'est peut-être moi qui me fais des films. C'est la psy qui m'a fait réaliser ça. Je ne l'ai vue que quatre fois mais, à la dernière séance, je lui ai confié ma peur de faire part à mes parents de mon installation avec mon copain. Elle m'a parlé de loyauté inconsciente. Je me suis mise à pleurer. Je crois que je commence à comprendre...

*

Quels sont les ressorts psychologiques qui empêchent Julie d'être libre vis-à-vis de ses parents ?

Julie est prise dans un conflit de loyauté inconscient vis-à-vis de ses parents, qui l'empêche d'avancer sereinement. Son histoire incarne bien la difficulté à s'accorder le droit d'avoir une vie agréable, alors que ses parents ont mené une vie de labeur, avec peu de place accordée au plaisir. Elle a l'impression que si elle-même s'accordait du plaisir, elle serait déloyale, les trahirait, sortirait de la lignée familiale et les dépasserait sur un plan social, culturel, financier... C'est de l'ordre du fantasme, car il y a de fortes chances qu'au contraire la réussite et l'épanouissement de leur fille rassurent ses parents, qui ont travaillé durement pour lui permettre de vivre mieux qu'eux. Julie redoute de les abandonner, mais n'est-ce pas aussi la peur d'être abandonnée qui explique sa souffrance ? Chez elle, les deux sont probablement indissociables. Petite fille qui apparemment ne manquait de rien, elle a vécu une enfance solitaire, privée d'échanges avec des parents qui donnaient ce qu'ils pouvaient, en l'occurrence le confort matériel que leur procurait l'argent qu'ils gagnaient ; mais aucune transmission affective, aucun réel soutien. Cette vie de labeur, sans affects exprimés, a donné à Julie le sentiment à la fois de ne manquer de rien et au fond de manquer de tout. D'où une forte culpabilité et un sentiment de dette et de responsabilité aliénants. Julie doute d'elle, a l'impression qu'elle ne mérite pas la réussite qui est la sienne et que son imposture risque d'apparaître au grand jour. Se sentant en dette vis-à-vis de ses parents, elle va les voir tous les week-ends et les appelle tous les jours. On peut espérer qu'elle comprenne peu à peu qu'elle a le droit d'avoir une vie plus douce que ses parents et qu'elle peut prendre son envol en toute tranquillité, sans trahir personne.

Stéphanie, 37 ans, cadre dans une entreprise d'agroalimentaire, célibataire

« Ma mère m'empêche de construire ma vie. »

J'ai eu une enfance plutôt heureuse, malgré la mort accidentelle de mon père quand j'avais 5 ans. De lui, je me rappelle peu de chose ; ce sont les photos qui entretiennent les quelques souvenirs que j'en ai. Ma mère veillait sur mon frère et moi, attentive à nos moindres besoins, nous n'avons jamais manqué de rien. Tous les trois, on s'entendait très bien : il n'y avait pas de conflits, on formait un petit clan bien soudé, mais peu ouvert sur l'extérieur. Ma mère s'était brouillée avec sa belle-famille à la suite de la mort de mon père, et sa famille à elle, recomposée après le divorce de ses parents, était loin d'être simple, avec des conflits récurrents.

Elle était médecin hospitalier. Elle n'a pas eu la vie facile, n'a fait que travailler et s'occuper de nous. Elle nous offrait quand même de belles vacances, souvent au soleil. On n'avait pas intérêt à se plaindre et d'ailleurs on ne se plaignait pas. Très vite, on a compris qu'on lui devait tout. Mon frère a fait médecine comme elle. Il est parti de la maison après ses études et s'est installé en province avec femme et enfants. Du coup, nous sommes toutes les deux très proches. Nous partons toujours ensemble en vacances, on se voit chaque week-end. Je n'ai jamais ressenti le besoin de m'opposer à elle, même à l'adolescence. J'étais studieuse, élève dans un bon lycée où comme d'autres j'investissais beaucoup mes études pour accéder à une classe préparatoire scientifique. Je l'admirais, et je l'admire encore. Nous comptions sur elle, en tout cas moi, pour tout et tout le temps.

Le problème, c'est qu'aujourd'hui je me demande si ce lien fusionnel n'a pas une influence sur mes histoires amoureuses. Je tombe toujours sur des types qui n'en ont rien à faire de moi. Avec le dernier en date, je suis restée trois ans, j'y croyais vraiment. Nous ne vivions pas ensemble, car il ne voulait pas. Il avait eu un divorce compliqué et redoutait de s'engager trop vite. J'étais à sa disposition, au gré de ses envies, de ses humeurs, sans vouloir voir qu'il faisait bien peu de cas de mes besoins à moi, de mon désir d'être en couple. Je me disais qu'il finirait bien par s'engager davantage. Quand on se voyait, il me voulait exclusivement à lui. Cela me flattait et me rassurait. Le temps passant, et la situation n'évoluant guère, j'ai commencé à m'inquiéter. Mon désir d'avoir un enfant se faisant plus pressant, je mettais régulièrement cette question sur le tapis, mais, père de deux enfants, il feignait de ne rien entendre, de ne rien comprendre. La dernière fois, il y a deux mois, il m'a asséné qu'il n'avait aucune envie d'enfant, et encore moins avec moi, et que nos chemins allaient désormais prendre des directions différentes : il me quittait. C'était un coup de massue ! Je lui en veux terriblement et je m'en veux aussi car, encore une fois, je me suis laissée aveugler dans mes choix affectifs, mais aussi professionnels. Cadre dans une entreprise d'agroalimentaire, j'aurais pu avoir un poste intéressant à l'étranger mais j'ai refusé de m'expatrier au moment où on me l'a proposé, car il ne m'aurait pas suivie. C'était le début de notre histoire, il m'a suppliée de rester, je lui ai fait confiance... Mais, même s'il avait accepté, aurais-je osé laisser ma mère? Depuis qu'elle ne travaille plus, elle est très seule. Je me sens responsable d'elle. Je ne pourrai jamais lui donner autant que ce qu'elle nous a donné, je le sais, mais je fais de mon mieux pour être là. C'est peut-être une des choses qui a pesé sur mon couple. Quand je m'éloigne d'elle, que je m'amuse ailleurs, je ne peux pas m'empêcher de me sentir coupable, en tout cas de me soucier d'elle. Je ne suis jamais légère.

*

Qu'est-ce qui se joue dans cette histoire? De quoi se nourrit l'aliénation?

Stéphanie est fascinée par sa mère si parfaite. Elle fait d'elle un modèle inaccessible, une référence absolue, et a peur de s'en éloigner. Le parent endeuillé, plus qu'aucun autre, peut, à son insu, susciter ce sentiment bien lourd à vivre. En réussissant sa vie amoureuse, Stéphanie risque de perdre sa mère et aussi de se perdre. Ne serait-ce pas la trahir, elle qui lui a tant donné, qui lui a «tout donné»? En mettant inconsciemment sa vie amoureuse en échec, Stéphanie évite, elle aussi, un conflit de loyauté, comme ces enfants, dans des familles recomposées, qui s'interdisent d'aimer un beau-père ou une belle-mère, de peur de trahir leur parent. Stéphanie se sent redevable vis-à-vis de cette mère exemplaire, qui n'a sans doute pas mesuré le poids que l'on risque de faire peser sur ses enfants en les mettant au centre de sa vie affective et en étant toujours dans la maîtrise de tout. Peut-être dans une toute-puissance qui lui permettait de réparer des blessures narcissiques plus anciennes, ou pour tenir debout, après la mort brutale de son mari qui l'a laissée seule face à ses responsabilités parentales, sa mère n'a pas su ou pu s'investir dans d'autres champs que la famille. Stéphanie, tout comme Julie, doit comprendre que si, bien sûr, nous devons beaucoup à nos parents, à commencer par la vie, cette dette ne doit pas nous empêcher de vivre pour autant. Bien au contraire ! Il s'agit plutôt de leur exprimer de la gratitude, sans se sentir écrasé. Devenir acteur de sa vie, être à son tour parent, s'autoriser sa propre création, ce sont aussi des façons de garder ses parents toujours vivants, et présents.

Constance, 32 ans, responsable de ressources humaines, mariée, un enfant

« J'ai commencé à contrôler mon alimentation pour plaire à ma mère. »

À 32 ans, j'ai la vie dont j'ai toujours rêvé : un mari gentil et attentionné, une adorable petite fille, un poste de responsable des ressources humaines dans une grande entreprise. Et pourtant, derrière cette vie apparemment stable, je cache un secret honteux : depuis plus de quinze ans, je souffre d'anorexie-boulimie.

J'ai grandi dans une famille bourgeoise du nord de la France. Tout, dans mon éducation, a toujours été sous contrôle. Et la gardienne du temple familial, c'était ma mère. Arrivée après deux grands frères, j'incarnais la petite fille modèle de la famille : il fallait toujours que je sois gentille, bien habillée, bonne à l'école... Et je l'étais, pour faire plaisir à maman, qui me semblait si parfaite. Mon père travaillait beaucoup et je ne partageais rien avec lui. Maman, c'était mon modèle. Je me souviens que quand on me demandait de faire un vœu secret, je me disais toujours : être comme maman plus tard. Dans ma famille, le corps, comme le reste, devait être maîtrisé : on devait manger équilibré, faire du sport, se tenir droit, mettre les mains sur la table. Cela ne me posait pas de problème : j'étais très mince de nature, « bien élevée » et j'excellais au tennis. Jusqu'à l'adolescence, en tout cas, où mon corps a commencé à se transformer, et où ma mère m'a vite rappelée à l'ordre !

Je me souviens de ce jour d'été, sur la plage, en Bretagne, je devais avoir 14 ans. J'avais oublié mon maillot et ma cousine m'avait prêté son bikini rose fuchsia. Je l'adorais. C'était la première fois que je me sentais sexy, et j'avais bien vu que les deux garçons que nous avions rencontrés ce jour-là n'étaient pas indifférents... Le soir, ma mère m'a convoquée dans sa chambre et m'a dit ces mots que je n'ai jamais oubliés : « Constance, j'ai parfaitement remarqué ton petit manège. Les seins, c'est pas chic, et je t'interdis de t'exhiber comme ça. Tu dois te tenir bien. Tu me remercieras plus tard. » J'ai acquiescé et je suis sortie tremblante, culpabilisée... Je me sentais sale, indigne, comme si j'avais fait une grosse bêtise.

À partir de ce moment-là, j'ai commencé à avoir honte de ma poitrine généreuse. Ma mère qui, elle, avait peu de poitrine, me répétait souvent que dans sa famille les femmes étaient plates et fières de l'être. J'acquiesçais sans trop comprendre ce qu'elle voulait dire. Alors que d'autres filles mettaient leur poitrine en avant, moi je cherchais à la rentrer. Je ne voulais pas devenir une femme. À côté de cela, j'étais de plus en plus gourmande. Contrairement à ma mère qui était dans la restriction permanente pour ne pas grossir. Chaque fois que je me resservais à table, elle me jetait un regard noir, accompagné d'une petite réflexion : « Tu as bon appétit, aujourd'hui, Constance », « Eh bien dis donc, ma fille, j'espère que tu as prévu de faire du sport... »

Jusqu'où jour où elle m'a emmenée chez le médecin. Il m'a pesée, m'a mesurée et m'a dit : « Quand on est une jolie jeune fille comme toi, il ne faut pas se laisser aller. Ta mère va t'apprendre à manger équilibré. » Quand on est rentrées à la maison, maman m'a donné un petit livre, avec des conseils diététiques et un tableau de calories, et m'a expliqué comment ça marchait. Le soir même, j'ai commencé à m'en servir : je calculais l'apport calorique de tout ce que je consommais. Au début, je me sentais bien, j'avais l'impression de maîtriser les choses. Au bout de deux semaines, j'avais déjà perdu quatre kilos. Ma mère m'encourageait en m'offrant des vêtements de la taille inférieure... J'avais retrouvé une vraie complicité avec elle, comme quand j'étais petite. Au bout de quelques mois, j'étais euphorique. Je maîtrisais mon poids et ma vie avec ! Seulement voilà : la nourriture était devenue une obsession. Au point que, quand je dépassais la limite drastique que je m'étais fixée, je me faisais vomir. Après, je me sentais tellement mieux !

J'ai rencontré Paul dans mon premier boulot, et nous nous sommes mariés, sans que je n'ose lui avouer mon problème. Je donnais le change, mais en réalité l'anorexie me rongeait. La journée, j'étais dans la restriction. Comme j'avais beaucoup de travail, je n'avais pas de mal à décliner les déjeuners. Je passais ma pause devant mon ordinateur, sans rien avaler. J'étais épuisée, je faisais souvent des malaises, mais prétextais une surcharge de travail et un manque de sommeil. Le soir, je dînais normalement, avec mon mari et souvent des amis. Et quand je me retrouvais seule, je m'enfermais dans les toilettes pour me faire vomir. Personne ne se doutait de rien. Quand on me disait que j'étais très mince, je répondais que c'était ma nature. Et on me croyait. Les seuls moments où je me suis sentie vraiment bien, ces dernières années, ça a été pendant ma grossesse, il y a cinq ans. Enceinte, je ne ressentais plus ce besoin de me restreindre ni de me vider. Je me sentais remplie, comblée. Mais après la naissance de ma fille, plus précisément quand j'ai terminé de la sevrer, ça a recommencé... Je me suis tout à coup trouvée énorme et je suis retombée dans le cercle infernal de l'anorexie et de la boulimie.

Ces derniers mois, j'ai fait plusieurs malaises et mon mari m'a poussée à aller consulter. Quand je me suis déshabillée devant le médecin et que je suis montée sur la balance, j'ai vu dans ses yeux qu'il avait compris. J'ai éclaté en sanglots et j'ai tout avoué. Ça m'a fait un bien fou, comme si je lâchais enfin un peu du poids si lourd que je portais seule depuis des années. Pourtant, il n'a pas été tendre avec moi : il m'a dit que l'idéal serait de m'hospitaliser. J'étais très surprise. Je ne pensais pas que j'en étais à ce point-là... Mais j'ai accepté, après avoir pu, enfin, en parler à mon mari. J'ai très peur et en même temps je me dis que le cadre de l'hôpital est peut-être la seule solution pour me permettre de guérir... J'ai honte. Je veux sortir de ce cercle infernal.

*

Chez Constance, c'est encore le lien avec la mère qui est aliénant. Elle souffre d'anorexie et analyse sa pathologie au regard de sa relation avec sa mère. Est-ce le cas des patientes anorexiques que vous voyez ?

L'anorexie mentale est une pathologie complexe, il n'y a pas un seul profil et les causes identifiées sont multiples. On peut toutefois observer des points communs entre les femmes et les hommes qui en souffrent – il y en a aussi, même s'ils sont beaucoup moins nombreux : grande intelligence, perfectionnisme, relations très idéalisées et souvent fusionnelles avec les parents, en particulier la mère. Les patients anorexiques expriment une grande ambivalence à l'idée de se séparer, de devenir adultes, d'accepter la métamorphose pubertaire qui donne des formes et parfois des rondeurs. Car avoir un corps de femme, c'est s'ouvrir à la sexualité, à la maternité… cela atteste qu'on est bien loin de la quiétude de l'enfance. L'enjeu de l'adolescence, avec les transformations pubertaires qu'elle entraîne, est d'accéder à une identité nouvelle qui se construit à l'extérieur du cercle familial et passe par la sexualité. Accepter de vivre sa sexualité, c'est reconnaître qu'on n'est plus comblé par ses parents. C'est une obligation d'aller aimer ailleurs, d'être dans son propre désir et d'éprouver du plaisir, d'être pleinement maître de son corps et d'en disposer comme on le souhaite. Au moment où Constance aborde ces rivages, et devient femme, sa mère semble ne pas pouvoir le supporter et lui assène des phrases assassines qui la culpabilisent et inhibent ses premiers émois. Elle lui barre ainsi l'accès à la sexualité, et l'empêche de s'épanouir en suivant son propre désir. Constance, loin de se rebeller, s'inscrit dans le désir de sa mère, ne trouve pas d'autre issue que celle de la suivre pour rester cette petite fille idéale qu'elle était dans le passé. Cela ne l'empêche pas de faire des études et même de construire une famille, sur un modèle traditionnel qui a l'aval de sa mère. Mais cela ne suffit pas à arrêter le processus pathologique – l'anorexie – qui la poursuit jusqu'à l'âge adulte. Il est intéressant de remarquer que la seule période où le trouble alimentaire lui laisse du répit est sa grossesse et l'allaitement, où elle retrouve, à travers le lien avec son bébé, la relation fusionnelle à laquelle elle ne peut renoncer. En ayant un enfant, elle comble aussi sa propre mère, dont elle se rapproche encore davantage. Rien n'est réglé ! En acceptant de se soigner, grâce aux injonctions de son mari et du médecin, deux hommes qui sont des tiers structurants, elle viendra à bout de son malaise, on l'espère, et se dégagera de ce lien particulièrement toxique.

Marianne, 45 ans, galeriste,
divorcée, deux enfants

« Ma mère se mettait en rivalité avec moi. »

Je suis l'aînée de trois enfants. Mes parents avaient 25 et 24 ans à ma naissance. Ce sont des soixante-huitards qui ont manifesté au Quartier latin et bousculé les codes de leurs familles bien classiques et bourgeoises. Coup de foudre de deux étudiants, lui en médecine, elle en langues. Je suis née alors qu'ils n'étaient pas mariés, pied de nez à leurs parents, très pratiquants, qui voyaient cela d'un mauvais œil. Je suis restée sept ans fille unique, le temps que mon père termine ses études. Ma mère travaillait dans une librairie. J'étais souvent gardée par mes grands-mères. Mes parents voyaient beaucoup leurs copains. L'été, ils louaient ensemble une grande maison dans la Creuse. J'étais la seule enfant, mais je ne m'ennuyais pas. J'ai très bien accueilli la naissance de mon frère, puis celle de ma sœur, trois ans plus tard. C'est vers 13-14 ans que ça s'est compliqué. J'étais devenue une adolescente qui attirait les compliments. Ma mère faisait bonne figure, mais je sentais bien que cela l'agaçait. Elle se débrouillait toujours pour se faire remarquer : de plus en plus exubérante, drôle, il fallait qu'on la regarde. Quand mes copines venaient à la maison, elle leur parlait des heures, les faisait rire. Je lui faisais la gueule mais elle faisait semblant de ne pas voir et je passais pour l'enquiquineuse. Mes copines ne comprenaient pas bien que cela me tape sur les nerfs et m'enviaient plutôt. Avec les garçons, c'était pire : elle les draguait l'air de rien, prenait la pose, les flattait, leur posait mille questions... Je n'osais plus amener personne à la maison. Elle disait que j'étais ridicule et jalouse. Mon père essayait de nous calmer en lançant « Arrêtez les filles », ce qui n'arrangeait évidemment rien, et me rendait encore plus triste. Je me suis peu à peu renfermée sur moi. Je m'enlaidissais, comme pour lui montrer qu'elle n'avait pas de soucis à se faire, que son miroir lui dirait toujours qu'elle était la plus belle ! J'ai passé mon bac et commencé une licence d'histoire de l'art. Mais je n'avais aucune confiance en moi, peu d'amis et du vague à l'âme.

C'est ma tante psychologue, la cadette de ma mère, dont j'étais proche, qui m'a décidée à consulter. Elle m'a conseillé un centre pour étudiants. C'était gratuit. J'y suis allée. Pendant des semaines et des semaines, je crois que j'ai surtout pleuré. La psychologue, de l'âge de ma mère environ, était sûrement la thérapeute idéale pour moi. Douce, rassurante, calme, le contraire de l'hystérique qu'était ma mère... Elle a su me faire prendre du recul par rapport à cette rivalité évidente. Elle a situé les choses dans une autre perspective. Ma mère avait toujours été fascinée par son père qui l'avait beaucoup adulée. Mais cela avait développé chez elle un côté petite fille gâtée qu'elle avait gommé avec mon père mais qui se réactivait avec force face à moi, sorte de miroir de ses fantasmes. Et bien sûr, j'ai touché du doigt ce que je ne voulais pas voir, à savoir ma propre rivalité avec cette mère « copine », qui en se plaçant sur la même marche que moi entretenait mon désir inconscient d'être son égale. J'ai vu cette thérapeute pendant deux ans. J'ai repris confiance, j'étais beaucoup plus détendue en famille. Six mois en Angleterre, dans le cadre d'un échange universitaire, ont achevé de me remettre sur pied. Mes rapports avec ma mère se sont normalisés et nous avons trouvé une distance agréable. Je crois que, l'une comme l'autre, nous sommes prudentes, et savons intuitivement que nous ne devons pas être trop proches.

*

Le témoignage de Marianne illustre de façon caricaturale le modèle de la « mère copine ». En quoi cette attitude peut-elle empêcher une fille de s'épanouir librement ?

Les parents de Marianne appartiennent à une mouvance qui a marqué toute une génération. Outre les mouvements sociaux, Mai 68, c'était un vent de révolte des jeunes contre un système fondé sur un autoritarisme parental, fait de codes dont ils ne voulaient plus. Un système très hiérarchisé, où le respect de la génération du dessus était la norme. Les enfants de 68 ont ainsi jeté au panier les schémas de leurs parents et n'ont surtout pas voulu les reproduire avec leur progéniture ! « Il est interdit d'interdire », slogan de l'époque, dominait la pensée de cette génération de parents. La tentation était de gommer toute distance et de mettre leurs enfants sur la même marche qu'eux et vice versa. Or les enfants ont besoin d'être considérés certes comme des personnes, mais pas comme des « grandes personnes ». Ils ont besoin d'adultes qui assument leur place d'adultes, qui les rassurent en leur fixant des limites. Quand ils abordent l'adolescence, ce besoin se renforce. Le parent copain ne rassure que lui-même ! Il lutte contre l'idée que, son fils devenant un homme, sa fille une femme, lui vieillit. Ce n'est peut-être pas réjouissant, mais ne pas l'admettre, c'est être dans le déni de la réalité. Cette attitude peut se transformer, comme chez la mère de Marianne, en une compétition malsaine, très pénible à vivre pour l'adolescente. En déployant son charme, en prenant toute la place dans une quête d'éternelle jeunesse, elle renforce chez sa fille un sentiment d'impuissance. Au lieu de rassurer Marianne dans sa capacité à devenir femme, cette compétition entretient chez elle l'angoisse que tout enfant connaît de ne pas pouvoir rivaliser avec son parent, de ne jamais être à la hauteur. Cela la fragilise, renforce ses doutes. Cela va loin, puisque, on le voit, Marianne perd totalement confiance en elle et se replie sur elle-même. Mais sa tante a perçu sa détresse et a su l'aider. Elle a endossé le rôle de l'adulte responsable, étayant, référent, qui a permis à Marianne de se construire malgré tout.

Matthieu, 55 ans, agent de voyages,
marié, trois enfants

« J'ai changé de prénom. »

Pendant la première partie de ma vie, je m'appelais Michel. On m'avait donné ce prénom en souvenir du jeune frère de ma mère tué juste avant la Libération. Durant des années, c'est tout ce que j'ai su de cet oncle fantôme. J'étais fier de ça : je portais le prénom d'un héros, d'une icône, d'un sacrifié... C'était comme si, dès ma naissance, on m'avait choisi pour avoir une destinée extraordinaire, comme si on m'avait donné très tôt un rôle à jouer : celui de l'enfant prodige ! Mes parents, pourtant, ne parlaient pas beaucoup de lui, si ce n'était pour évoquer sa droiture et sa foi profonde.

À l'adolescence, j'ai commencé à me sentir un peu à l'étroit dans le costume de l'oncle mythique. À 15 ans, du jour au lendemain, j'ai dit merde à Dieu, pour m'engager dans le militantisme politique. Inconsciemment, je commençais à m'apercevoir que cet oncle Michel n'était pas moi, que j'avais d'autres aspirations. À 25 ans, j'ai rencontré Isabelle, à la fac. On est tombés amoureux et on a eu trois enfants. Je me sentais bien dans cette vie, jusqu'à ce que, une dizaine d'années plus tard, mon père décède. C'est là que les crises d'angoisse ont commencé. J'ai enchaîné les épisodes dépressifs. C'était très violent. Au bout du rouleau, j'ai fini par aller voir un psychanalyste. Et, en parallèle, je me suis lancé dans une enquête familiale : je pressentais que mon malaise avait quelque chose à voir avec mon oncle, qu'il fallait que je creuse de ce côté-là... J'ai d'abord interrogé ma mère, et j'ai découvert qu'elle entretenait avec son frère des relations extrêmement fusionnelles. Ils étaient deux enfants : ma mère était la préférée de son père, Michel le chouchou de sa mère. À tous les quatre, ils se suffisaient. Le décès de Michel a brisé cet équilibre et a laissé ma mère dans un profond désarroi... Au fil de nos entretiens, j'ai appris qu'au moment de la rencontre de mes parents, ma mère était encore en pleine dépression. Mon père avait lui aussi connu des décès traumatiques dans sa famille. Ensemble, à 20 ans, ils ont scellé un pacte d'espérance : il lui a promis de lui donner un fils digne de son frère. Mais ce sont trois filles qui sont nées coup sur coup. Alors, quand sept longues années plus tard, le garçon que je suis a enfin vu le jour, on s'est empressé de lui donner le prénom de Michel !

Rassembler peu à peu tous les éléments du puzzle m'a permis de comprendre à quel point ma naissance avait été le fruit d'un projet parental. Mais comprendre ne me suffisait pas. Il me fallait sortir de ce projet parental, et pour cela j'avais besoin d'agir. J'ai décidé de changer de prénom. Il me fallait juste trouver mon nouveau prénom. La nuit qui a suivi le jour où j'ai pris ma décision, j'ai fait un rêve très marquant : un tigre courait et défonçait tout sur son passage. Le lendemain, j'ai regardé dans un livre sur la symbolique des prénoms les correspondances avec les animaux. Le tigre correspondait au prénom Matthieu. J'ai donc choisi ce prénom, pour continuer à tracer ma route.

Du jour au lendemain, j'ai annoncé à tout le monde qu'on devait désormais m'appeler Matthieu. Ma femme et mes enfants m'ont soutenu dans ma démarche. Mes collègues et mes amis ont respecté mon désir, sans trop poser de questions. J'ai été surpris par ces réactions positives. Du côté familial, la nouvelle a été plus difficilement acceptée : ma mère a refusé violemment le changement de prénom, mes sœurs ont persisté à m'appeler Michel. Mais je ne me suis pas laissé faire. J'ai passé des soirées entières à en débattre avec elles, je leur ai écrit des courriers... j'ai fini par ne plus répondre et même par raccrocher le téléphone quand elles m'appelaient Michel. Et puis, finalement, avec les années, elles s'y sont habituées !

C'était il y a près de vingt ans et, depuis, mes angoisses se sont complètement apaisées. Je crois que changer de prénom m'a permis de me retrouver. De renoncer concrètement au projet que mes parents avaient fait pour moi. Je me suis dégagé de leur histoire et, à l'approche de la quarantaine, j'ai enfin pu m'occuper de moi.

*

Les projections parentales sont-elles fréquentes ? Faut-il à tout prix s'en dégager ?

Quand on attend un enfant, on le charge toujours de beaucoup de fantasmes et cela est heureux. L'enfant, avant sa naissance – et même si l'imagerie médicale le rend aujourd'hui rapidement bien réel – est l'enfant imaginaire de ses parents. Quand il naît, il passe de cet enfant imaginaire à un enfant en chair et en os ! Les fantasmes vont céder la place à la réalité, mais pas complètement. Cela dépend du moment où l'enfant arrive, de sa place dans la famille (l'aîné est souvent très alourdi de ces projections parentales), de son sexe (si les parents avaient rêvé d'un garçon ou d'une fille, s'il est le seul ou la seule dans la fratrie) et de l'histoire de ses parents, bien entendu. On lui trouve telle ou telle ressemblance, il fait penser à un grand-père, une tante... Et puis on le prénomme ! Longtemps, il a été fréquent de donner aux enfants les prénoms des grands-pères, notamment au fils aîné, ou d'attribuer au nouveau-né les prénoms des oncles et tantes décédés. Cela confirmait l'inscription dans la lignée. Cela n'était certes pas léger, mais du moment que les parents ne cherchaient pas à coller à l'enfant l'identité du défunt, il pouvait ne pas en être trop encombré et faire avec ! Dans le cas de Matthieu, parce que son oncle Michel incarnait le héros, le frère chéri de sa mère, qui lui vouait un amour passionnel, il se sent écrasé par le poids des projections maternelles et ressent qu'il doit s'en délester pour pouvoir vivre sa vie. Matthieu a besoin de traduire dans la réalité son cheminement intérieur. Son changement de prénom est très symbolique : il déclare officiellement qu'il n'est pas cet autre si aimé de sa mère, il se libère de ce fantôme, se mettant sans doute du même coup à l'abri des fantasmes incestueux qui ont teinté les rapports de sa mère et de son oncle. Matthieu a eu besoin d'accomplir cet acte fort qui symbolise la rupture. Chez d'autres, cela peut passer par des conflits, un éloignement, une prise de décision contraire à ce que voudraient les parents. Certains parviendront à s'affirmer plus en douceur, sans violence. Tout dépend des histoires et des personnalités, l'essentiel étant de parvenir à se construire. Chez Matthieu les projections maternelles sont aliénantes et le contraignent à s'en dégager comme il le peut ; toutes ne sont heureusement pas aussi massives et sont supportées sans trop de mal. Parfois même avec le sourire !

Céleste, 48 ans, psychologue, mariée, deux enfants

« Ma mère m'a longtemps hantée. »

De mon enfance, je garde un souvenir cotonneux... L'image de ma mère, allongée sur son lit. Le long couloir sombre de l'appartement familial que je la voyais souvent arpenter, dans sa grande chemise de nuit blanche. Son regard vert dans le vague, dans le vide, quand je lui racontais ma journée d'école : je sentais bien qu'elle était ailleurs. Mais où, exactement ? S'ennuyait-elle à ce point ? Rêvait-elle d'autre chose ? Je me le suis souvent demandé. Jamais je n'ai osé lui poser la question. Trop peur de la peiner. De la bousculer. Elle était si fragile, maman...

Alors, j'imaginais des histoires pour la faire rire, des stratégies pour lui plaire, des manières de la distraire. Je sentais qu'il fallait la consoler, tout faire pour la combler. Surtout, ne pas la contrarier, la déranger, la réveiller. Car elle dormait souvent. Et elle était tout le temps « fatiguée ». Le soir, elle se couchait très tôt. Mais elle dormait aussi la journée, surtout le dimanche. J'ai longtemps détesté le dimanche, jour du Seigneur, de l'ennui, de la mort, et du gigot d'agneau.

Ma mère n'a jamais été comme les autres... Les autres mères criaient quand on n'était pas sage, obligeaient à finir les assiettes, grondaient pour les mauvaises notes, serraient leurs enfants dans leurs bras. La mienne ne faisait rien de tout cela. Mais qu'est-ce que je l'aimais ! Longtemps, sans doute pour compenser son inconsistance, pour tenter de trouver du sens à ce flou, je l'ai transformée en personnage de roman. Dans mes yeux de petite fille, elle était la plus belle, la plus gentille de toutes les mamans... Adolescente, je l'ai imaginée folle amoureuse – pas de mon père, mais d'un sublime amant tendre et fougueux. Dans mes fantasmes, elle le rejoignait à l'hôtel, pour partager de longs après-midi torrides, pendant qu'on était à l'école. Jeune adulte, elle m'est apparue comme une femme accomplie, la cinquantaine assumée, ne se laissant pas entamer par le départ des enfants.

Je crois que j'ai commencé à ouvrir les yeux quand, à l'âge de 30 ans, je suis devenue mère. Épuisée, inquiète pour ce petit être dont j'étais désormais responsable, j'ai tenté, instinctivement, de me raccrocher à ma mère pour obtenir un conseil, trouver du réconfort, une oreille attentive... Et là, je me suis à nouveau retrouvée face au silence inquiétant, au grand vide angoissant de mon enfance. Les mêmes sables mouvants, dans lesquels on peut s'enfoncer, sans s'apercevoir qu'ils puent la mort... J'ai ressenti un profond malaise. Ma mère m'apparaissait telle qu'elle était vraiment : une femme à l'aube de la soixantaine, empêtrée dans sa dépression. Comme un fantôme, elle avait toujours été là, mais j'avais préféré l'ignorer. Depuis mon enfance, cette mère avait toujours répondu à mon besoin d'être rassurée, aimée, cajolée par le vide, le silence, l'angoisse. Et personne n'avait mis de mots là-dessus. Petit à petit, cela avait créé en moi une fêlure, faite de peur et de culpabilité : de la déranger, de ne pas être assez précieuse pour donner un sens à sa vie. Longtemps, j'ai senti cet arrière-goût amer dans mes relations affectives, que ce soit dans ma vie amoureuse, amicale ou professionnelle. Trop occupée à essayer de combler l'autre, à chercher ma valeur dans ses yeux, j'ai laissé toute une partie de moi de côté. Depuis, je suis partie à sa recherche. J'ai découvert une femme enthousiaste, impertinente, libre... Fragile, aussi. Et elle me plaît, cette femme. Ma mère fantomatique est toujours là. J'ai juste un peu détourné la tête...

*

Un enfant peut ressentir l'absence d'un parent malgré sa présence physique, comme on le voit ici...

En effet. C'est le cas quand un parent est dépressif ou totalement préoccupé par la maladie de son propre parent, par exemple, des problèmes de couple, des soucis professionnels importants. Il n'est plus assez rassurant et l'enfant ne peut pas s'appuyer sur ce parent transparent, imprévisible et trop fragile. Indisponible ! La dépression parentale est très difficile à comprendre pour des enfants. Le parent dépressif est présent sans être vraiment là, il est enfermé dans sa souffrance et, malgré sa bonne volonté, il ne peut pas être attentif à l'autre. Le jeune enfant sent juste le vide inquiétant, mortifère et, bien souvent, il s'agite et fait du bruit pour tenter de mettre de la vie. Il s'efforce de réveiller le parent et dépense une énergie folle et vaine. En grandissant, cet enfant peut devenir hypermature et prendre la place de ce parent dont il se soucie, au prix d'une anxiété, d'une enfance volée et parfois d'une dépressivité. Céleste regarde sa mère comme la Belle au bois dormant, qui va peut-être se réveiller un jour... mais quand ? On voit ici que certains parents peuvent ligoter sans être ni très présents, ni très aimants, ni très autoritaires. Il est très difficile pour un enfant d'arriver à se détacher d'un parent absent, au propre comme au figuré. Il a tendance à l'idéaliser. Cela peut être compliqué dans le cas d'un parent décédé, surtout si l'autre parent l'a statufié. Le travail de l'adolescence se fera beaucoup plus difficilement car la remise en question de ce parent est alors empêchée. Le manque du parent indisponible crée chez l'enfant une sorte de piétinement, comme s'il se mettait en attente indéfiniment de ce qu'il ne reçoit pas. Cela le place dans une situation de frustration et d'insatisfaction permanente. Et cela peut le conduire, à l'âge adulte, à une revendication affective intense dans sa relation de couple, une avidité qui serait là pour pallier les manques de l'enfance. Cette attente sera hélas vaine car l'autre, quel qu'il soit, ne peut pas répondre à cette demande…

Pierre, 63 ans, chef d'entreprise, marié, un enfant

« Mon père était inaccessible. »

Pendant la majeure partie de ma vie, j'ai considéré mon père comme un être supérieur : plus intelligent, plus cultivé que la majorité des gens. Une sorte de dieu vivant. C'était le pater familias *par excellence. Père de quatre enfants, fondateur d'une entreprise qui a très bien marché, idole absolue de ma mère, avec qui il constituait un couple aux allures parfaites, aussi exigeant avec lui-même qu'avec ses proches, et sans doute plus encore avec moi, qui étais l'aîné. Il fallait que je sois bon partout : à l'école, en sport, dans mes qualités humaines...*

Très pris par son travail et ses engagements associatifs, mon père se contentait de vérifier mes carnets de notes et de me gratifier d'une tape sur la tête. Une manière de me dire : « C'est bien, tu es comme ton père. » J'ai donc été un bon petit soldat. Jusqu'à l'âge de 15 ans où, fragilisé par un chagrin d'amour dont je n'ai osé parler à personne, je me suis peu à peu enfermé dans la dépression, pendant plusieurs mois. En famille, je ne montrais rien, mais dès que j'étais sous mes draps, je fondais en larmes en étouffant mes sanglots pour que personne ne m'entende. Mes notes se sont écroulées. Je me souviendrai toute ma vie du jour où mon père a découvert mon carnet : son visage s'est figé et il m'a giflé.

À partir de là, nos rapports sont devenus plus distants. Comme s'il s'était aperçu que je n'étais pas aussi doué que lui... Pourtant, j'ai persisté à vouloir marcher sur ses traces en faisant les études qu'il fallait pour reprendre l'entreprise familiale. Et mon père, désireux qu'elle reste dans la famille, a accepté, même s'il n'a jamais vraiment lâché prise. À partir du moment où j'ai commencé à travailler avec lui, il s'est mis à contrôler mon travail. Il donnait son avis sur tout, ne me laissait jamais aller seul voir un client... La tension montait, et souvent, à la fin des réunions, je partais furieux et mon équipe se demandait ce qui se passait. Je n'arrivais pas à m'imposer comme chef. Aujourd'hui, je me rends compte que, certes, mon père avait du mal à lâcher, mais que j'avais moi aussi ma part de responsabilité : j'avais peur de prendre une mauvaise décision, qui m'aurait apporté la preuve que je n'étais pas à la hauteur et je préférais donc le laisser faire et continuer à jouer les seconds.

Et puis, mon père a vieilli et a commencé à montrer quelques signes de fatigue. En à peine deux ans, il s'est retiré de l'entreprise. Quand on lui a diagnostiqué la maladie d'Alzheimer, je suis tombé des nues. Il avait des absences, des retards, son regard se perdait, parfois... mais il donnait le change ! Et, surtout, dans ma tête, il était indestructible ! Mais quand je me suis mis à croiser, chez mes parents, des infirmières, une kiné, des aides à domicile qui lui parlaient comme à un vieux monsieur, avec beaucoup de gentillesse et de patience, et que je l'ai vu se laisser faire comme un enfant, j'ai pris conscience que mon père n'était plus le même homme. J'avais connu un homme brillant, autoritaire, sans faille, je me retrouvais devant un petit vieux à l'air complètement perdu qui s'accrochait à mon regard comme à une bouée de sauvetage...

J'ai ressenti un besoin urgent de passer du temps avec lui. Alors je me suis organisé dans mon travail, j'ai délégué, afin de m'accorder une journée par semaine avec ce nouveau père. Au début, c'était difficile. Et puis, peu à peu, une relation d'un autre ordre s'est installée entre nous. J'ai appris à m'asseoir près de lui, à lui prendre la main, à ne plus rien attendre... Les derniers mois de sa vie, je passais tous mes week-ends avec lui, j'étais la seule personne qu'il reconnaissait.

Quand mon père est mort il y a cinq ans, j'ai ressenti un immense chagrin, et j'ai mis beaucoup de temps à m'en remettre. J'ai finalement décidé de reprendre l'entreprise familiale. Mais par choix, non par devoir, comme j'avais longtemps pensé que je le ferais ! Ces dernières années de maladie ont bouleversé mon cheminement. J'ai posé un autre regard sur mon père et, en me sentant utile auprès de lui, j'ai pris confiance en ce que j'étais au fond de moi : un homme sensible, fiable, compétent qui, avec toutes ces qualités, était capable d'être le fils qu'il souhaitait être et, lui aussi, de diriger une entreprise. Mais à sa façon...

*

En quoi un père trop brillant peut-il être écrasant pour un fils ?

L'enfance de Pierre est marquée par l'angoisse de ne pas pouvoir rivaliser avec son père, de ne pas être à sa hauteur. La problématique œdipienne chez le garçon consiste à tenter de prendre la place du père auprès de la mère, dans une rivalité inconsciente mais troublante, puis à renoncer et à se tourner vers ce père dans un mouvement identificatoire structurant. Ensuite, à l'adolescence, avec les émois pubertaires, vient le besoin de trouver d'autres modèles loin des parents, pour sortir de l'enfance. Pierre semble ne pas avoir pu remettre en question la figure du père à l'adolescence. Le système familial fonctionne sur le mode traditionnel du *pater familias*, dont l'autorité ne peut être mise en cause. D'autant que la mère pose sur ce père un regard admiratif et comblé qui confirme à ses enfants qu'il est « son grand homme » ! Pas facile, avec un père comme celui-là, de sortir de la position de l'enfant docile et soumis. Rivaliser devient impossible. De plus, Pierre, adulte, travaille avec son père dans une entreprise dont il est le chef. Un chef qui tient à garder sa place, qui ne veut pas déléguer. Sans doute est-il avec ce fils aîné dans une rivalité inconsciente telle, qu'il n'admet chez lui aucune faille, aucune défaillance. Pierre est mis en demeure de rester un enfant et, qui plus est, un enfant idéal. Devenir adulte est inenvisageable tant que son père est là car celui-ci le regarde comme on regarde un enfant un peu irresponsable, plus ou moins incapable. Malgré cela, Pierre choisit de se dévouer à lui quand il tombe malade. On voit à quel point il lui est compliqué de se dégager de ce père si fascinant. Il sait qu'il est contraint, freiné dans son devenir d'adulte, mais il n'est pas question pour lui de s'opposer, d'entrer en conflit. C'est la maladie, et pas n'importe laquelle, une maladie qui fait perdre la mémoire et repartir vers l'enfance, qui donne l'occasion de changer les places. Pierre va alors regarder son père comme on regarde un enfant. Et son père va se laisser porter par cette présence devenue presque paternelle. C'est leur façon de se retrouver à égalité, même si, en fin de compte, ils n'auront jamais pu se confronter en tant qu'adultes.

Pauline, 19 ans, étudiante en management

« J'ai été prise en otage. »

S'il y a quelque chose qui m'a empêchée d'avancer, c'est bien l'interminable conflit entre mes parents, bien au-delà de leur divorce. Ça a commencé à leur séparation, j'avais 10 ans. Et cela dure encore aujourd'hui, j'en ai 19... Leur divorce a été émaillé de conflits en tout genre, d'incidents, d'appels. C'était lettre recommandée sur lettre recommandée, et hurlements de part et d'autre. Avec mon frère Sébastien, qui a trois ans de plus que moi, nous passions une semaine chez l'un, une semaine chez l'autre. Pour couronner le tout, Sébastien ne faisait rien en classe, ce qui exaspérait mon père, un grand obsédé de la réussite. Donc pour moi, c'était conflit entre mes parents, plus bagarre entre Sébastien et notre père. J'étais stressée à mort par l'école, d'autant plus que la mienne encourageait plutôt la compétition. J'avais tellement peur de rater et de me faire hurler après que je travaillais sans arrêt.

À 13 ans, mon frère est parti en pension car cela devenait infernal. Il revenait les week-ends. Du coup, les semaines où j'étais chez mon père, l'attention se focalisait sur moi. Je travaillais dur et bien, mais il n'était jamais satisfait, dans une logique « toujours plus, toujours mieux » épuisante.

J'avais trop peur de le décevoir... Ma mère tempérait, mais elle était inquiète, nerveuse et très accaparée par la procédure en cours. Elle ne se privait pas de m'en raconter l'évolution par le détail, preuves à l'appui. Il fallait aussi que je fasse attention à ce que je disais, car elle ne voulait surtout pas que mon père sache ce qui se passait chez elle. Il y avait plein de secrets. Du coup, je ne disais rien du tout, comme ça, j'étais plus tranquille.

L'année de ma quatrième, j'ai demandé à consulter une psychologue, car une de mes copines m'avait dit que c'était bien. Comme c'était une année où j'avais sans arrêt mal au ventre et qu'elle se rendait compte que j'étais angoissée, ma mère a accepté. Je ne pouvais y aller que tous les quinze jours : toutes les semaines, ma mère trouvait que c'était trop cher et mon père ne voulait pas payer. Mais j'y allais en courant. Moi qui ne disais jamais rien chez moi, dès que j'étais assise dans le fauteuil, la psy ne pouvait pas m'arrêter. J'y suis allée jusqu'à mon bac. Il faut dire qu'entre mon père et Sébastien c'était chaud. Et puis, mon père avait toujours des propos excessifs et parfois violents contre notre mère qui, nous disait-il, n'en voulait qu'à son argent.

À 14 ans, j'étais une adolescente sage, raisonnable. Heureusement, j'avais pris de l'assurance avec mes amis, mais je ne m'aimais pas beaucoup. La question de la réussite scolaire était toujours centrale. La pression mise dans mon collège était forte, la question de la sélection pour entrer au lycée omniprésente. Les contrôles de chaque trimestre m'empêchaient de dormir, et je travaillais d'arrache-pied. Mon père continuait d'exiger l'excellence et, depuis qu'il vivait avec une femme et ses deux enfants, il me mettait en compétition avec eux. Mis à part les vacances où je quittais Paris pour partir avec un de mes parents ou chez mes grands-parents, j'avais peu de loisirs. Je ne réclamais jamais rien et voulais surtout avoir la paix. Je crois avoir compris, contrairement à mon frère qui s'opposait à la tyrannie paternelle en ne travaillant pas, que ma liberté future passait au contraire par la réussite. Il n'empêche que je devais supporter, surmonter, un environnement très anxiogène, d'autant que ma mère avait rompu avec son fiancé, et qu'elle était encore plus irritable.

Alors que j'attaquais ma seconde, j'ai eu l'espoir que les choses allaient s'arranger car leur divorce a été enfin prononcé. Je me rappelle que je me disais : si seulement ils pouvaient arriver à se parler, plutôt que de toujours me charger de passer leurs charmants messages du style : « Pauline, tu pourrais rappeler à ton père de payer la pension alimentaire ! » J'essayais de trouver le meilleur moment, de le dire légèrement, du genre : « Au fait, papa, je crois que t'as pas eu le temps de faire son chèque à maman », mais chaque fois il rugissait comme si on lui arrachait les tripes. Bref, mes espoirs étaient vains, et, divorce prononcé ou pas, cela ne changeait rien. L'argent était toujours au cœur du problème et j'avais fini par penser que je coûtais cher ! Heureusement, les entretiens avec ma psy m'aidaient à comprendre ce qui peut se jouer derrière ces haines farouches et les enjeux qui tournent autour des questions d'argent. Elle m'empêchait de tomber dans une culpabilité injustifiée et reconnaissait que je vivais des choses pas très drôles, c'était déjà ça !

Arrivée en terminale, la question de mon orientation est oppressante du côté de mon père ! Jamais un jour sans qu'il me rappelle que pour lui c'était « Sciences po ou rien ». J'ai fini par réussir à prendre un peu de distance en ayant envie de partir pour l'étranger. Pour faire plaisir à mon père, j'ai suivi une préparation au concours, tout en obtenant son autorisation de présenter un dossier dans une université américaine. Je crois qu'il me l'a donnée, cette autorisation, en se disant que je serais reçue à Sciences po. Acte manqué !, dirait ma psy, j'ai échoué au concours, mais mon dossier a été retenu pour les États-Unis. Et là, rebelote, à nouveau des discussions sans fin et des engueulades entre mes parents, sur « qui va payer quoi ? ». Là je me suis dit que ça ne finirait jamais ! En partant pour Boston, je me demandais ce qu'ils allaient faire quand je ne serais plus là. Comment ils allaient se disputer. Mais je me disais surtout : qu'ils fassent ce qu'ils veulent, je ne serai plus là pour l'entendre !

*

Vous voyez beaucoup d'enfants de couples qui se séparent. Les risques d'emprise parentale sont-ils renforcés par ce contexte ?

Dans de nombreuses séparations les parents se soucient de protéger les enfants de trop de souffrance inutile, d'autres, malheureusement, se font avec une violence qui ne les épargne pas. C'est souvent le cas quand un parent refuse la décision ou en souffre plus que l'autre. Il va alors exprimer ouvertement à l'enfant son hostilité : la guerre est déclarée. L'enfant est en prise directe avec le combat qui se livre sous ses yeux. Il choisit souvent le camp de celui qui lui paraît souffrir le plus, ou qui le prend davantage à témoin, pour le réparer, le consoler. Il n'est pas facile pour lui de prendre du recul. C'est même impossible tant qu'il est petit. Il se vit alors comme coupé en deux et développe une insécurité intérieure qu'il peut garder toute sa vie. Pauline fait partie de ces enfants qui n'ont pas été épargnés par leurs parents. Chez elle, la guerre s'éternise, ce qui l'empêche d'être dans l'insouciance. Elle est tellement baignée dans le conflit qu'elle l'évite à tout prix dans sa relation aux autres. Elle s'est tellement construite dans le désir de l'autre – pour ne pas déplaire à ses parents, ne pas en rajouter, ne pas déranger, etc. – qu'elle a du mal à s'affirmer, voudrait être une petite souris que l'on ne remarque pas. À cela s'ajoute le fait qu'entre ses parents les questions d'argent étaient omniprésentes, lui donnant ainsi le sentiment pesant qu'elle «coûtait». C'était elle qui faisait passer les messages désagréables : «Ton père me doit cela», «C'est à ta mère de payer ceci.» Elle les redoutait car elle anticipait les réactions de colère qui s'ensuivraient ! Cela est très mauvais pour les enfants qui se sentent facilement en dette vis-à-vis de leurs parents. Pauline le ressent au moment de partir faire ses études supérieures puisque, en choisissant une université étrangère, elle va «leur coûter cher». Elle en ressent des scrupules, mais en même temps cela n'empêche pas son choix. Peut-être est-ce pour elle une façon inconsciente de leur faire payer tous les tourments de son enfance !

À l'heure où les séparations se banalisent, je crois qu'il faut rappeler que nombre d'enfants sont, comme Pauline, aux prises avec des situations familiales douloureuses et complexes. Ce qui paraît anodin aux yeux des adultes, parce que ça les arrange, ne l'est pas aux yeux de leurs enfants, qui n'ont pas la possibilité de le leur dire. Ils sont muselés dans leur ressenti et ne savent plus quoi penser, doutent de leur jugement, ne font pas confiance à leur intuition. Depuis quelques années, je vois d'ailleurs de plus en plus souvent des enfants qui ont demandé eux-mêmes à consulter, car ils ont besoin d'être écoutés et compris.

Béatrice, 50 ans, professeur de yoga, mariée, deux enfants

« Le yoga m'a permis d'apprivoiser mes peurs. »

J'ai été élevée par des parents unis, mais très différents. Une mère antillaise, très maternelle, extrêmement aimante, qui aurait pu donner sa vie pour ses enfants. Elle a fait preuve envers mon petit frère et moi de beaucoup de bienveillance, d'une générosité sans faille... mais elle s'est aussi toujours montrée très inquiète pour nous, et donc très protectrice. Encore aujourd'hui, à 50 ans, quand je voyage, je l'appelle pour lui dire que je suis bien arrivée ! Issu d'une famille bourgeoise et militaire, mon père a été élevé dans les conventions et a décidé de rompre avec ça. Sa manière de le faire avait été d'épouser une femme noire, ce qui n'était pas facile dans son milieu, dans les années 1960 ! Alors que ma mère nous surprotégeait, mon père nous poussait à nous surpasser. Je me souviens de promenades en bord de mer, les jours de tempête, où il m'encourageait à entrer dans les vagues ; quand il sentait que j'en étais capable, il me lâchait la main. Le jour où j'ai eu mon permis de conduire, il m'a appris à changer une roue. Quand on se promenait en forêt, il ne restait jamais sur les chemins : il s'enfonçait toujours plus loin, et nous invitait à le suivre. Bref, mes parents étaient différents, et ils vivaient différemment... Au milieu de tout cela, je me suis construite en voulant toujours bien faire. Je trouvais que leur amour était audacieux, et je ne voulais pas les décevoir. Pour qu'ils soient fiers de moi, et parce que j'avais de l'ambition, j'ai fait cinq ans d'études et, pendant vingt ans, j'ai été directrice du marketing direct dans de grandes sociétés. À 29 ans, j'ai épousé un homme qui avait douze ans de plus que moi. Il était divorcé et avait un enfant. C'était quelqu'un de solide, qui avait de l'expérience et savait ce qu'il voulait : parfait pour devenir le père de mes enfants. Nous en avons eu deux, qui ont maintenant 18 et 20 ans.

Quand j'ai été enceinte pour la première fois, j'étais partagée entre le bonheur de devenir mère, qui était pour moi le sens même de la vie, et la peur : est-ce que je vais être à la hauteur ? Est-ce que je vais faire un beau bébé ? Est-ce qu'il va être en bonne santé ? J'ai senti l'héritage parental se réveiller tout à coup... Alors que mes parents m'avaient transmis des choses très différentes, c'est la peur qui est ressortie : celle de ma mère – peur qu'un problème puisse arriver, à mon bébé ou à moi – et celle que m'a léguée mon père – peur de ne pas réussir, de ne pas être à la hauteur de cette grande aventure. C'est pendant ma grossesse que j'ai découvert le yoga. Au début, je m'y suis mise dans le but de garder une activité physique, et de travailler ma respiration pour l'accouchement. Mais j'ai découvert infiniment plus : j'ai découvert ce qu'était le souffle, et ce souffle m'a donné une forme de liberté. En respirant, je pouvais calmer mes émotions et ainsi agir sur ma vie intérieure, notamment mes peurs... Finalement, le yoga a littéralement transformé ma vie. À tel point qu'au bout de quelques années de pratique, j'ai eu envie de comprendre pourquoi cela me faisait tant de bien, d'approfondir mes connaissances, et je me suis inscrite dans une école où j'ai pris des cours le week-end, en plus de mon travail. Peu à peu, j'ai commencé à donner des cours à des copines, cela m'a plu, et à 40 ans, j'ai pris la décision d'arrêter mon travail pour changer de vie et devenir prof de yoga.

Par la pratique quotidienne, mais aussi tout ce qui va avec – car le yoga, c'est un état d'esprit, une philosophie fondée sur la non-violence, l'honnêteté, le respect de soi et des autres... –, j'ai réalisé à quel point j'étais, comme la plupart des gens, modelée, conditionnée par mes parents, ma classe sociale, mon environnement... Sans avoir besoin de rejeter ce qu'on m'avait transmis, j'ai pris conscience de cet héritage qui, s'il comportait beaucoup de choses très positives, était aussi marqué par la peur. Les multiples peurs que ma mère avait projetées sur moi, mais peut-être aussi, et surtout, celles que je m'étais inventées toute seule : la peur de décevoir mes parents, et la peur de l'échec, en général, qui mènent à un perfectionnisme exacerbé et à un besoin de maîtrise. Et ces peurs, je ne voulais pas les transmettre à mes enfants. Certains choisissent de faire une psychanalyse, moi, c'est le yoga qui m'a libérée !

*

Est-il fréquent d'hériter des peurs de ses parents, et de les subir, sans en avoir conscience ?

C'est hélas très fréquent et certaines peurs se transmettent même de génération en génération ! Si elles ne sont pas formulées par des mots, elles s'expriment à travers des gestes, des comportements qui nous trahissent, et les enfants ne sont pas dupes. Par exemple, la phobie sociale, qui est la peur de se confronter aux autres, se transmet rarement par des mots. Mais le fait de se protéger des autres systématiquement, de vivre en circuit fermé dans un cocon, bien protégé des dangers fantasmés, peut laisser penser à l'enfant qu'il faut se méfier des autres. Le problème, c'est qu'on en a rarement conscience. Si on a la chance de le réaliser, mieux vaut en parler clairement à ses enfants afin de leur montrer que ces peurs nous appartiennent à nous, et qu'ils ne doivent pas se les approprier. L'enfant s'en dégagera ainsi plus facilement. Car la peur, à moins qu'elle ne nous protège d'un vrai danger et permette ainsi de nous sauver, est une entrave à notre désir, à nos envies. Elle freine notre curiosité, notre élan vital, notre confiance en nous et dans les autres. Elle nous ligote bel et bien ! Les personnes phobiques, qui évitent systématiquement d'affronter des situations qui leur font peur, savent bien qu'elles se « rétrécissent »... L'agoraphobe qui ne s'éloigne plus de chez lui, celui qui a peur de l'avion et qui ne voyage plus... Tous, en fuyant ce qui les angoisse, se rassurent un instant, mais en réalité s'enferment, s'emprisonnent. Sans parler de celui qui ne fait rien par peur de rater... C'est important d'apprendre à un enfant à reconnaître la peur qui le protège, et celle qui le ligote. Il faut l'encourager à la surmonter et lui montrer qu'un peu d'audace rend plus fort, plus libre.

C'est rarement dans l'enfance que l'on réalise qu'on a hérité des peurs de ses parents car les parents paraissent alors tout-puissants et sont là pour nous protéger. C'est plus tard, quand on prend son autonomie, qu'on interroge l'héritage familial. Et quand on devient parent, on est d'autant plus renvoyé à son histoire. L'enfant qui va naître s'inscrit dans une lignée et va hériter de son lot de bonnes et de mauvaises choses. Béatrice, comme nous tous, a à composer avec les émotions et les projections de ses parents : les peurs de sa mère, qui la surprotège, et le comportement plus audacieux de son père, qu'elle a interprété comme une mise en demeure de réussir. Elle redoute de répéter le même scénario avec ses enfants. Mais grâce au yoga, qui lui permet une réflexion sur elle-même, Béatrice prend de la distance et trouve sa voie.

II

Frères et sœurs, des liens pleins d'ambivalence

Les frères et sœurs occupent une place essentielle dans les premières années de vie, mais aussi dans la construction pour devenir adulte… Que l'on soit proche d'eux ou en conflit, ils influencent nos choix, sont souvent impliqués dans nos joies ou nos chagrins d'enfance, nous apprennent à vivre avec les autres.

Qu'a-t-elle de si particulier, cette relation fraternelle ?

C'est l'une des relations les plus chargées d'ambivalence : dans l'enfance, elle est faite de complicité, d'amour, de rires, de jeux partagés et aussi d'agressivité, de rivalité, parce qu'il y a, en permanence, le souci que les frères et sœurs ne prennent pas toute la place dans la tête des parents. Car il y a dans l'inconscient de tous les enfants le fantasme d'être l'unique, le préféré, le choisi. En fonction de la place dans la famille, des parents, du caractère et de l'histoire de chacun, l'évolution de ces rapports va être plus ou moins satisfaisante, facile, harmonieuse…

Il s'agit d'un lien fort, mais aussi contraignant, parce que imposé ?

Effectivement, on peut avoir des amis et choisir de ne plus les voir. Alors que les frères et sœurs, on ne les choisit pas et on ne se détache jamais vraiment d'eux. Quels que soient nos désirs, on partage une histoire familiale, une lignée, la même culture, les mêmes coutumes, les mêmes névroses parentales. On a une sorte de ciment commun qui nous façonne. Ces relations évoluent tout au long de la vie : parfois on est très proche enfant et on s'éloigne adulte, ou l'inverse.

Les adultes que vous suivez en thérapie parlent-ils souvent de leurs frères et sœurs ?

Très souvent. Ils évoquent la place qu'ils avaient auprès de leurs parents – la première qu'on leur a donnée dans leur vie ! – et des comparaisons : certains se sont sentis plus adulés, d'autres ont souffert d'avoir été dénigrés par rapport à un frère ou une sœur, et ces sentiments pèsent souvent lourd sur les relations qu'ils établissent avec les autres en devenant adultes. Ces comparaisons continuent de polluer certains pendant de longues années, voire toute leur vie. Qui a le mieux réussi, a la vie affective la plus satisfaisante, les enfants les plus performants… Parfois, cela se poursuit à la génération d'après : ce sont les cousins que l'on va mesurer, comparer, à travers leurs notes à l'école ou leurs exploits artistiques ou sportifs.

En quoi le fait d'être constamment comparé à son frère ou à sa sœur est-il néfaste ? Quelles sont les répercussions possibles à l'âge adulte ?

Cela instaure un système de compétition. L'enfant n'est pas regardé dans sa singularité, on ne valorise pas ses qualités en elles-mêmes, on les mesure par rapport à un autre et leur valeur dépend de l'autre, de son échec ou de sa réussite. Cela donne une place démesurée au jugement des autres. On retrouve chez certains adultes cette obsession du regard de l'autre, de son approbation. Ils ont du mal à s'évaluer seuls. Ils sont perdus s'ils ne trouvent pas autour d'eux quelqu'un à qui se comparer. Cela peut, bien sûr, développer chez certains un sens de la compétition qui leur servira de moteur. Mais ce système risque fort de devenir épuisant, car il se révèle souvent inutile, voire pernicieux. Cela peut avoir des conséquences catastrophiques sur les relations amoureuses, par exemple. On peut être attiré par quelqu'un parce qu'on imagine qu'il ou elle est le ou la plus convoité(e), sans voir qui il ou elle est vraiment et en étant très loin de ses besoins, de ses désirs profonds. Souvent, les hommes et les femmes qui sont constamment dans la conquête ont été façonnés selon ce mode de compétition et de comparaison. Mais leur quête n'a pas de fin, car ils doivent trouver inlassablement d'autres trophées !

Les parents n'ont-ils pas tous en tête le fantasme d'une famille dans laquelle tout le monde s'entend bien ?

Je suis toujours étonnée de voir à quel point les parents attendent de leurs enfants, quel que soit leur âge, une sorte d'entente imposée… La mésentente suscite un grand sentiment d'échec, alors que c'est humain, et que cela n'a souvent rien de pathologique. J'encourage les parents à sortir du mythe de l'harmonie familiale à tout prix – fantasme qui fait souvent écho à leur histoire personnelle –, car il constitue un fardeau bien lourd à porter pour les enfants, une sorte de carcan de perfection dont certains auront du mal à se débarrasser. On a le droit d'être jaloux, même de personnes aussi proches que son frère ou sa sœur. Le conflit n'est pas forcément négatif et ne doit pas être systématiquement étouffé. Il peut même être salvateur. Quand les enfants sont petits, le rôle des parents est évidemment d'intervenir quand les rivalités deviennent trop fortes, et que l'un des enfants souffre de façon manifeste, parce qu'il est la cible d'un frère ou d'une sœur excessivement jaloux. Mais, les années passant, il est important qu'ils laissent leurs enfants se débrouiller et cessent de jouer les arbitres ; en effet, plus ils interviennent, plus ils attisent les conflits et risquent de les installer.

Il est important de ne pas diaboliser la jalousie ou la rivalité dans la fratrie ?

Oui, parce qu'il n'y a pas de fratrie sans des moments de jalousie ou de rivalité. Si les parents les supportent si mal, c'est parce qu'ils détestent retrouver chez leurs enfants des sentiments qu'ils jugent indignes et auraient voulu empêcher. Non seulement cela les éloigne de l'enfant idéal qu'ils auraient rêvé d'avoir, mais en plus cela leur donne le goût amer de l'échec. Ils ont l'impression d'avoir raté quelque chose, d'avoir fait quelque chose de travers. Cette fois-ci, ils s'éloignent tristement du mythe du parent parfait ! Mais cela les renvoie aussi bien souvent à des rivalités mal digérées avec leurs propres frères et sœurs, résonances douloureuses, voire honteuses. Je vois fréquemment des adultes qui ont subi la jalousie d'un aîné et ne supportent pas de voir leur premier enfant malmener un cadet. Ou bien qui se revoient faisant la même chose et le supportent encore moins bien. Cela peut avoir des effets pervers, parce qu'à trop diaboliser la jalousie, on signifie aux enfants que leur place est en péril, qu'il y a un combat avec un gagnant et un perdant…

Les rivalités sont-elles plus marquées quand la fratrie est de même sexe ?

Sans aucun doute, car les comparaisons entre deux enfants du même sexe sont plus évidentes. Les parents auront tendance à souligner les différences entre un garçon et une fille, alors qu'ils rechercheront plutôt les mêmes qualités chez deux enfants du même sexe. Et ceux-ci vont eux-mêmes se mesurer davantage, se mettre en compétition. Mais cette compétition peut être constructive, stimulante. Dans ce type de fratrie, il faut veiller encore plus à respecter le caractère et la personnalité de chacun, et mettre en valeur telle ou telle qualité, afin de pas uniformiser ni mettre des étiquettes, qui enferment dans un comportement et empêchent d'évoluer.

À l'âge adulte, certains frères et sœurs s'éloignent, les relations s'apaisent en se raréfiant. Mais les rivalités ressortent fréquemment après la mort des parents...

C'est vrai, et les notaires, témoins de disputes violentes, pourraient en écrire des pages et des pages ! Au moment du décès des parents, on a l'impression que les envies et les frustrations qu'on avait enfouies remontent, provoquant souvent des réactions passionnelles et excessives. Au moment de l'héritage, derrière l'argent ou les biens que les frères et sœurs réclament, il y a des règlements de comptes, des tentatives de se réapproprier l'amour parental qu'on ne voulait pas partager ou dont on a manqué, un besoin de s'assurer, au-delà de leur disparition – donc pour l'éternité – une « vraie et bonne » place. Peut-être la meilleure, voire toute la place.

Autrefois, l'aîné avait une place et des responsabilités bien particulières. Cela subsiste-t-il ? Qu'ont en commun les aînés de fratries ?

L'aîné n'a plus les privilèges d'autrefois, il est depuis longtemps à égalité avec ses frères et sœurs. Mais il est le seul à avoir été un enfant unique, à n'avoir jamais partagé ses parents. Les aînés se mettent donc, en général, en position de défense de leur territoire et de leurs prérogatives. Ils partagent ce sentiment que les autres sont des intrus qui arrivent sur leur terre et qu'ils vont devoir être vigilants, ne pas se laisser déborder ! Et puis ils ont en commun d'apprendre à leurs parents à être parents. Ils essuient les plâtres, et c'est pour cela que c'est souvent un peu rude pour eux. Porteurs de projections plus fortes, ils peuvent, par conséquent, être plus sérieux, plus soucieux de bien faire, de plaire. Mais, là encore, tout dépend de la personnalité de chacun. En consultation, on vérifie bien que chaque enfant est unique !

Et la place de « petit dernier », qu'a-t-elle de si particulier ?

Je ferai une distinction entre le dernier quand on est deux et dans une fratrie plus nombreuse, voire très nombreuse. Lorsqu'il n'y a que deux enfants, il me semble que la place de dernier est peu marquée, à moins que la différence d'âge ne soit très sensible, au-delà de six ans. Dans ces cas-là, il y a le grand et le petit. Plus la fratrie est nombreuse, plus la place du dernier semble marquée. Les parents, surtout la mère, passent des années à s'occuper d'enfants petits, de bébés. Le dernier enfant va clore ce long chapitre. Et sans doute sa mère va-t-elle, du coup, savourer avec lui chaque étape de son développement, avec en tête l'idée qu'il faut qu'elle en profite, car, après lui, ce sera bel et bien fini. Alors que les aînés ont été mis en demeure d'être vite des grands, il est probable qu'elle va laisser « son dernier », son « petit dernier », prendre le temps de grandir à son rythme. Elle-même prenant le temps de le regarder vivre, de se réjouir de ce qu'il est et de le lui dire. Cette attitude donne confiance à l'enfant, et l'on entre dans un cercle vertueux : l'enfant confiant a plus d'audace, réussit mieux, et reçoit ainsi en retour des gratifications qui le renforcent encore !

Les derniers seraient-ils plus dégourdis que les aînés ?

Souvent, car ils observent les plus grands et les imitent. Ils profitent aussi parfois des faveurs d'un aîné, qui, ne se sentant pas menacé par la différence d'âge, leur apporte une attention valorisante et stimulante. Et ils apprennent, en regardant les tensions entre leurs frères et sœurs et leurs parents, ce qu'il faut faire et ne pas faire pour éviter les crises et les conflits. Futés, ils vont du coup tirer leur épingle du jeu.

On dit souvent que le ou les enfants « du milieu » ont une place difficile, qu'en pensez-vous ?

Je ne suis pas si sûre que la place du milieu soit la plus difficile. Je trouve que parfois celui du milieu se débrouille très bien car il peut osciller entre une envie de se hisser vers le plus grand, ce qui est stimulant, et, quand cela lui plaît, de régresser avec le plus jeune, ce qui le repose, puisque, alors, il s'autorise à être plus petit. Bien sûr, certains ont du mal à se situer. Ils peuvent se retrouver dans une position inconfortable où ils subissent l'agressivité d'un aîné qui les rejette, alors qu'eux-mêmes rejettent le plus jeune qu'ils jalousent ! Mais ce n'est pas une fatalité, et le caractère de chacun joue heureusement beaucoup...

Quand on a un frère ou une sœur malade ou handicapé, à quelles difficultés supplémentaires est-on confronté ?

Les sentiments de rivalité, inhérents au rapport fraternel, sont plus refoulés, car jugés encore plus inacceptables, inavouables, indignes. Et pourtant, l'enfant malade ou handicapé prend souvent une place importante dans la famille, sur un plan psychologique comme en ce qui concerne les soins physiques, l'accompagnement et les aménagements que son état nécessite. En général, les mères s'investissent intensément auprès de cet enfant, qui les confirme dans un rôle de mères aimantes, indispensables, soignantes... Pour les autres enfants, il y a de quoi se sentir mis de côté, et peut-être éprouver un sentiment d'abandon ! En même temps, l'enfant en bonne santé intègre l'idée que c'est lui qui a « de la chance », et que ses revendications sont, de fait, moins recevables. Il peut aussi se construire avec l'idée qu'étant celui qui va bien, il est le seul à pouvoir satisfaire les désirs de ses parents, les consoler, les gratifier – bref, panser leurs blessures. Même s'ils le disent rarement et n'en ont pas forcément conscience, le handicap ou la maladie de l'enfant malade constitue souvent pour les parents une blessure narcissique, avec cette douleur de se sentir impuissants, incapables de lui épargner cette souffrance. La fonction de parents protecteurs est mise en échec de façon insupportable. On demande aussi à l'enfant qui va bien d'être rapidement autonome ou de renoncer à telle ou telle réjouissance car elle n'est pas envisageable pour l'enfant malade. Il peut se sentir sacrifié et nourrir de la rancœur et un sentiment d'injustice d'autant plus difficiles à exprimer que, encore une fois, ces émotions risquent d'être mal perçues.

La confrontation prématurée à la mort est toujours difficile. En quoi celle d'un frère ou d'une sœur l'est-elle particulièrement ?

Dans la tête d'un enfant, perdre ses parents ou son frère ou sa sœur – tout ce qui constitue le noyau familial – est inconcevable. Et la mort d'un enfant est une catastrophe familiale. Le malheur absolu ! Pour les parents, c'est le monde qui s'écroule. Et les enfants, eux-mêmes affectés par cette perte, se retrouvent témoins du chagrin immense de leurs parents. Certains n'osent d'ailleurs pas manifester leur peine, de peur d'ajouter de la souffrance à la souffrance de leurs parents. En plus de perdre leur frère ou leur sœur, ils perdent leurs parents tels qu'ils étaient avant ce traumatisme, et ils cherchent fréquemment à les consoler en répondant à leurs désirs, énoncés ou imaginés. Même s'ils font le maximum, ils sont confrontés à la grande difficulté de ne jamais pouvoir, malgré tous leurs efforts, leur bonne volonté, leurs réussites, réparer leurs parents blessés par la mort d'un autre. Tout enfant a le fantasme inconscient de combler ses parents. La mort de son frère ou de sa sœur le renvoie immanquablement au fait que cela est impossible. Et puis, surtout dans l'enfance, les liens fraternels sont chargés d'ambivalence, amour et agressivité coexistent. Perdre un frère ou une sœur à un moment, où, consciemment ou non, on aurait bien aimé le voir disparaître, est très violent. D'autant que, dans la petite enfance, l'enfant est convaincu de la toute-puissance de sa pensée. C'est pour cela qu'il faut être particulièrement attentif à un enfant entre 2 et 7 ans qui perd un frère ou une sœur.

On a vu que l'emprise fraternelle pouvait parfois être aussi forte que l'emprise parentale. Mais s'en dégage-t-on plus facilement ?

Cette emprise peut être forte à cause de la complexité du lien fraternel. Les relations entre frères et sœurs sont ambivalentes et évoluent tout au long de la vie. Elles sont dominées à la fois par l'idée d'appartenir à un même clan, et par le désir d'avoir l'amour et la reconnaissance des parents pour soi tout seul. Ce qui n'est pas gagné ! Vont donc se jouer, en fonction de l'histoire des parents et des enfants, une multitude de scénarios pour le vérifier. Ou se rassurer ! Avoir de l'emprise sur un frère ou une sœur, en le dominant, en le maternant, en le malmenant, donne l'illusion d'avoir les cartes en mains. Mais notre inconscient nous joue des tours et celui qui croit gagner perd souvent… Il est certainement plus simple, une fois devenu adulte, de s'éloigner d'un frère ou d'une sœur qui a tenté de prendre le pouvoir sur soi, que de ses parents. On a moins le sentiment d'avoir des comptes à rendre et glisser vers l'indépendance peut être plus facile. La culpabilité de celui qui défait les nœuds est moindre. Il est moins habité – en tout cas moins longtemps – par le sentiment d'être le mauvais, la mauvaise, plein d'ingratitude ou de ressentiment mal digéré. Ce sera sans doute plus difficile pour celui qui s'est fourvoyé dans cette stratégie de domination qui n'a plus d'objet. L'autre lui ayant échappé, il est à nouveau face à son manque et à l'échec de son scénario pour le compenser. Pour lui, rien n'a vraiment bougé…

Romain, 37 ans, coach professionnel, séparé, deux enfants

« Ma mère a créé une rivalité farouche entre ses fils. »

Je suis vraiment à un tournant de ma vie, comme on dit. J'ai l'impression que j'ai fait un énorme ménage et que je repars. Pas de zéro, mais presque. Au travail, d'abord, j'ai complètement changé mon fusil d'épaule : après des études d'ingénieur et dix ans dans une grande entreprise, je viens de terminer une formation de coach et de m'installer à mon compte, pour aider ceux qui veulent changer d'orientation professionnelle ou cherchent un nouvel emploi. Ça me passionne, alors que je commençais à m'ennuyer ferme. D'autant que dans mon couple ça n'allait pas non plus très fort. Après une relation très belle et passionnée, ma femme, Juliette, est devenue possessive et jalouse de façon insupportable, alors qu'en plus je ne faisais rien de mal. Un sourire dans un dîner, un compliment à une autre donnaient lieu à des drames ridicules. J'ai décidé de la quitter. Ce n'est pas rien, mais, même quand je pense à nos deux enfants, je ne peux pas faire autrement. Je ne nous supporte plus ! Il faut dire que la jalousie est une histoire douloureuse qui a assombri mon enfance et même plus. Dernier de trois enfants, j'ai une sœur plus âgée de cinq ans et un frère, David, qui me précède de seulement quinze mois. Toute notre enfance, ma mère a été obsédée par l'idée qu'il ne fallait pas que nous soyons jaloux l'un de l'autre. Son souci d'égalité était tellement fort que cela en devenait suspect. Quand c'était l'anniversaire de David, il fallait aussi me faire un cadeau et vice versa. Elle observait les comportements de nos grands-parents, nos tantes, et rectifiait le tir si elle jugeait que l'un ou l'autre était favorisé. Le résultat est, qu'évidemment, on passait notre temps à se comparer ! Elle a obtenu le contraire de ce qu'elle voulait : une farouche rivalité. Manque de chance pour elle, j'ai vite été plus grand que David. Alors elle s'est mise à le surprotéger, lui faisant passer le message qu'il était plus fragile. Du coup, il est devenu moins confiant, plus réservé et démuni devant l'adversité. À l'école il avait des difficultés, moi je travaillais bien. Notre mère cachait mes bulletins pour qu'il ne les voie pas et bien sûr ne me faisait pas de compliments, car elle trouvait que j'avais déjà assez confiance en moi...

Nous avons grandi ainsi. Notre père était très absent, et quand il était là il ne contredisait jamais notre mère. Pour lui aussi David était celui qu'il fallait protéger, et moi celui que se débrouillerait toujours. Adulte, David m'en a voulu ; aujourd'hui encore il envie tout ce que je fais ! Pour lui j'ai de la chance, c'est tout. Il ne voit pas la place surdimensionnée qu'il a prise dans la famille. C'est « le pauvre David bien méritant ». Cette compétition entre nous, entièrement créée par notre mère, nous a éloignés définitivement. Pendant longtemps, j'ai essayé de faire le maximum pour le satisfaire, entrant un peu dans le jeu de mes parents. Mais il n'y avait jamais rien en retour et j'en ai eu marre... Nous nous voyons une fois de temps en temps chez nos parents, avec nos enfants qui ont à peu près les mêmes âges. Et parfois je retrouve chez ma mère ses vieux réflexes quand elle compare nos enfants ! Alors voilà, l'idée de revivre dans mon couple ce genre de scénario, me mettre tout le temps en veilleuse pour ne pas faire de l'ombre à l'autre, c'est impossible. J'ai l'impression d'avoir des chaînes aux pieds et qu'on m'empêche d'avancer.

*

Voulant éviter la jalousie entre ses fils, la mère de Romain a instauré une vraie rivalité entre eux. C'est fréquent ?

Un tel souci d'égalité de la part des parents peut entraîner, chez les enfants, un système de comparaison et de rivalité très pervers. Certainement agie par une problématique personnelle, pour se réparer elle-même, la mère de Romain a tenté de gommer les différences entre ses enfants, donc leur singularité. Or, dans les fratries, les enfants ne se ressemblent pas et c'est ce qui fait leur richesse ! Elle a surprotégé David, qui du coup s'est construit comme « l'enfant fragile », incapable de se passer du soutien parental, et s'est détournée de Romain, de peur qu'il ne fasse de l'ombre à son frère. Le souci d'équité de cette femme s'est transformé, malgré elle, en système très injuste. Et au bout du compte, Romain s'en est mieux sorti que son frère, car il était certes moins fragile, mais aussi moins soumis aux projections parentales. Le problème est que cela l'a rattrapé à l'âge adulte, dans sa relation de couple. Il ne supporte pas la jalousie qu'il a repérée chez sa femme, que d'autres auraient pu interpréter comme une preuve de son attachement. Elle suscite en lui énervement, lassitude, impatience, parce qu'elle résonne avec son histoire familiale. En la refusant de la part de sa femme, il sort de cette espèce de fatalité qu'il connaît depuis l'enfance : être un sujet jalousé. Il signifie inconsciemment à sa mère qu'il ne veut plus de son emprise. Mais le paye au prix fort puisqu'il sacrifie son couple.

Géraldine, 39 ans, graphiste,
en couple, deux enfants

« Ma sœur était ma mère et ma meilleure amie. »

J'ai toujours été fascinée par ma grande sœur Emmanuelle, qui a trois ans de plus que moi. Quand j'étais petite, je la suivais partout. Elle était mon modèle absolu. J'ai aussi un frère, François, qui a neuf ans de plus que moi, mais je n'ai jamais été très proche de lui. Nous, on nous appelait « les deux petites ». Entre nous, il n'y avait pourtant aucune confusion de place : Emmanuelle était l'aînée, moi la cadette. Toute mon enfance, j'ai admiré ma grande sœur. On était très différentes : elle était sérieuse, calme et posée, moi, toujours en mouvement, jamais coiffée, la tête dans les nuages. Notre mère préférait ses amies à la vie de famille. Notre père, médecin, n'était pas souvent à la maison. Alors on se débrouillait. En fait, Emmanuelle, c'était un peu ma mère de substitution : elle m'aidait à faire mes devoirs, séchait ses larmes quand il le fallait... Et moi, je lui vouais une admiration sans faille.

Quand, à 25 ans, elle s'est mariée et a quitté la maison, notre lien est resté fort. Et puis ses filles sont nées à deux ans d'intervalle. Je me suis beaucoup occupé d'elles, je venais les embrasser souvent : à l'époque j'avais pas mal de temps libre. Je les gardais aussi le soir, quand Emmanuelle et son mari sortaient... J'étais devenue, sans m'en apercevoir, un membre à part entière de leur petite famille. Le troisième adulte... ou le troisième enfant. Emmanuelle pouvait m'appeler le jour comme la nuit, je rappliquais ! Il m'est souvent arrivé d'annuler des rendez-vous amoureux au dernier moment parce que ma sœur voulait aller au ciné. À l'époque, ma vie amoureuse ne ressemblait pas à grand-chose. Finalement, je me rends compte que pendant des années, que ce soit pour choisir un mec, une robe ou une destination de vacances, je ne prenais jamais de décision sans avoir demandé l'avis d'Emmanuelle.

Pendant trente-cinq ans, j'ai pensé que ma grande sœur savait mieux que moi ce qui était bon pour moi. Jusqu'à ce que je fasse la connaissance de Richard. Ça a été tout de suite évident entre nous. À tel point que je n'ai même pas songé à demander son avis à ma sœur. De toute façon, il ne m'en a pas laissé le temps : au bout d'une semaine, il m'emmenait en week-end à New York et m'annonçait qu'il voulait un enfant avec moi. Ce fameux week-end, Emmanuelle a cherché à me joindre, en vain. Pour la première fois de ma vie, je ne l'avais pas informée de mon départ. Rencontrer Richard avait provoqué comme un déclic, une étincelle. Moi qui étais d'habitude méfiante avec les hommes, je l'avais suivi les yeux fermés, sans me poser de questions. À New York, je n'ai pas pensé à allumer mon téléphone : sa présence me suffisait. Quand, une fois rentrée, j'ai constaté l'avalanche de messages, je n'ai pas compris... Mais persuadée que ma sœur allait, comme moi, adorer mon amoureux et se réjouir de mon bonheur, j'ai débarqué à l'improviste chez elle avec Richard. L'accueil a été glacial. C'était un dimanche, elle était en train de dîner en famille et nous a fait comprendre qu'on dérangeait. Peu à peu, j'ai senti une distance s'installer entre nous. Elle était devenue agressive, s'énervait sans raison, me raccrochait même au nez... Je me suis posé beaucoup de questions : était-elle blessée que je ne lui ai pas demandé son aval pour Richard ? Me trouvait-elle tout à coup moins disponible ? L'avais-je déçue ? Quand, un an plus tard, mon fils est né, l'écart s'est encore creusé. César a aujourd'hui 3 ans et une petite sœur de 18 mois, Madeleine. Nous nous voyons toujours avec Emmanuelle, mais notre relation est plus distante. Avec du recul, je me rends compte à quel point nous étions fusionnelles. Ça a fonctionné tant que chacune voulait bien rester dans son rôle. La dernière fois que j'ai vu ma sœur, elle semblait triste : sa fille aînée s'apprêtait à quitter la maison, elle se sentait inutile. J'ai essayé de la rassurer, mais j'ai eu du mal à trouver les mots. Alors que je découvre à peine la vie de maman, ses enfants à elle quittent le nid... Sans doute suis-je sans le vouloir un miroir un peu trop douloureux pour elle.

*

Est-il fréquent que l'un des frères et sœurs joue le rôle de parent ?

Cela peut arriver quand la vie des parents, leur histoire, passée ou présente, s'y prête. Cela dépend aussi de la personnalité des enfants concernés. Emmanuelle a été mise en demeure de s'occuper de sa petite sœur car leurs parents étaient très absents. La place était libre, elle l'a prise, réalisant ainsi le fantasme inconscient qu'a toute petite fille de prendre la place de sa mère. Géraldine l'a accepté naturellement car elle était rassurée que sa sœur lui propose un cadre, avec des repères, sur lequel s'appuyer. Mais cette situation a donné, avec les années, un trop grand pouvoir à Emmanuelle, qui a inconsciemment réglé la question de la rivalité en maintenant Géraldine dans un état d'infériorité par rapport à elle. Résultat : Géraldine a grandi lentement, se maintenant, une fois adulte, dans une position infantile de dépendance trop forte par rapport à une sœur qu'elle continue à vénérer et à laquelle elle est totalement soumise. Cette fascination pour sa sœur l'empêche de devenir elle-même et d'assumer ses propres désirs, choix et goûts. Pendant trente-cinq ans, elle ne sait pas qui elle est et refuse de prendre des engagements tant professionnels que sentimentaux. C'est la rencontre avec un homme qui pose sur elle un regard différent qui réveille la Belle aux bois dormant, et la fait naître à elle-même. À ce moment-là, Emmanuelle supporte mal que Géraldine décide de vivre sa vie et échappe à son emprise. Car, à travers des soins à sa sœur, Emmanuelle réparait certainement le manque maternel dont elle avait souffert. Au fond, elle se comportait avec sa sœur comme elle aurait aimé que sa mère le fasse avec elle. Ce maternage la reliait en quelque sorte à sa mère. C'est pour cela qu'elle a vécu la métamorphose de Géraldine comme un abandon. Et ce sentiment d'abandon est d'autant plus douloureux que ses enfants commencent à quitter le foyer, alors que la maternité – et toutes les promesses qu'elle entraîne – débute à peine pour Géraldine. Finalement, les deux sœurs se retrouvent dans une rivalité fraternelle assez ordinaire, que les circonstances de la vie ne leur avaient pas permis d'expérimenter pendant l'enfance. Espérons que cela leur permettra de vivre une relation plus distante, mais plus saine.

Cyril, 42 ans, responsable de clientèle dans une banque, marié, deux enfants

« J'ai dû renoncer à ma place de chouchou. »

J'ai deux frères qui ont huit et quatre ans de plus que moi. Quand je suis né, ma mère rêvait d'avoir une fille. Mon père avait 50 ans ; pour lui, peu importait le sexe, du moment qu'il avait trois enfants.

Je ne sais pas exactement à partir de quand j'ai compris qu'il fallait que je me distingue de mes frères. Mais très vite. Sur le plan scolaire, d'abord. J'avais assisté à de telles scènes entre ma mère et mes frères au moment des devoirs que j'avais décidé d'échapper à ce calvaire. Je n'étais pas premier de la classe, plutôt dans les moyens, mais à côté de mes frères qui accumulaient les heures de colle et les redoublements, j'étais le petit génie de la famille. Pareil pour le sport. Bref, j'étais l'enfant doué. Celui que ma mère avait tant attendu. Et qui lui donnait entière satisfaction. Cela m'allait, même si je n'en avais pas vraiment conscience. Je refusais le statut de « chouchou » dont m'affublaient mes deux frères. Avec du recul, je me dis que je trouvais les faveurs de ma mère à mon égard juste normales.

En bon fils, j'ai été embauché dans une banque après mon école de commerce et je me suis marié avec une amie de la famille qui plaisait beaucoup à ma mère. Les choses ont commencé à se corser quand mes deux frères se sont mariés à leur tour, à quinze jours d'intervalle, deux ans après moi. L'été précédent, nous venions d'avoir notre première fille, Rose, et nous étions, ma femme et moi, exténués par les courtes nuits et les pleurs incessants. Mes parents, mes frères et futures belles-sœurs, avec qui nous passions ces vacances, avaient quant à eux bien d'autres priorités : le mariage, la liste des invités... Je garde de cet été-là un souvenir confus. J'avais imaginé que, offrant à ma mère sa première petite-fille, elle passerait ses vacances à s'occuper d'elle. Et je me retrouvais crevé, mis à l'écart. Pour la première fois, j'ai ressenti de la jalousie vis-à-vis de mes frères. Une jalousie qui faisait mal, qui m'arrachait les tripes.

Jusqu'à cet après-midi d'août où je n'ai plus pu supporter leurs conversations. « On peut partir, si tu veux », m'a répondu ma femme. J'ai senti un immense soulagement. En dix minutes, j'ai fait les valises. Ma mère a pris un air étonné, a voulu discuter, mais je ne lui en ai pas laissé le temps. Je ne voulais pas parler, je voulais juste respirer. Pour la première fois de ma vie, je réalisais combien j'avais été dans le désir de ma mère et combien en sortir était libérateur. Par la suite, la vie s'est chargée de mettre divers obstacles et désaccords entre ma mère et moi. Cela nous a permis d'avancer, de couper ce cordon dont je n'avais pas conscience. Aujourd'hui, nos rapports sont bons, mais je fais très attention à ne pas retourner sous sa coupe...

*

La place de « chouchou », a priori enviable, peut-elle se transformer en un piège dont il est difficile de se dégager ?

Il est souvent difficile de renoncer à cette place de favori. Or elle ligote elle aussi, surtout si la préférence s'exprime de façon manifeste comme ici. Cela peut créer une dépendance au regard ébloui de la mère, à son attention privilégiée. Cyril est surpris d'être détrôné par ses frères au moment de leur mariage, alors qu'il est devenu père, et qu'il imagine, plus que jamais sans doute, combler sa mère, devenue grand-mère grâce à lui, pour la première fois, qui plus est d'une petite fille, venant remplacer la fille qu'elle aurait rêvé d'avoir… Mais sa déception entraîne une frustration efficace et structurante, qui l'aide à se dégager de cette emprise et va sans aucun doute – le petit garçon ayant ainsi bien grandi sur le plan affectif – lui permettre de prendre pleinement sa place d'époux et de père.

Il ne faut pas idéaliser la place de dernier. C'est lui souvent qui reste seul avec des parents plus âgés, ce qui n'est pas toujours drôle. Et c'est lui qui a le sentiment de les blesser le jour où il quitte le nid.

Dorothée, 46 ans, directrice de la communication, mariée, deux enfants

« J'ai toujours cherché à mettre de la gaieté dans la vie de mon frère et de ma sœur. »

J'ai un frère aîné, qui a cinq ans de plus que moi, et une petite sœur, de deux ans de moins. Pour eux, j'ai toujours été la sœur avec laquelle c'est la fête... Petite, déjà, je faisais des gâteaux, je fabriquais des guirlandes pour décorer la maison, je montais des spectacles d'humour et de magie... À Noël, c'était toujours moi qui faisais le sapin, sortais la crèche, cuisinais de bonnes choses pour tout le monde. Bref, depuis mon enfance, je m'étais fixé comme mission d'égayer la vie de mon frère et de ma sœur, de leur apporter du réconfort, de la légèreté, du bonheur...

Il faut dire qu'à la maison l'ambiance était plombée. Notre père est décédé dans un dramatique accident quand nous avions 12, 7 et 5 ans. Maman, déjà débordée par ses trois enfants, a dû se mettre à travailler pour nous élever. Mais la peine et la fatigue l'ont peu à peu menée à la dépression, puis à l'alcoolisme... raison pour laquelle c'est moi, celle du milieu, du haut de mes 7 ans, qui ai alors décidé d'endosser le rôle de clown de la famille, pour empêcher mon grand frère et ma petite sœur de sombrer à leur tour dans la tristesse – je ne l'ai compris que plus tard.

Il y a une dizaine d'années, je suis allée consulter un

psy car je n'arrivais pas à avancer dans la vie. Elle m'a expliqué que, dans les cas de traumatismes comme celui que j'avais vécu à la mort de mon père, l'EMDR, une méthode fondée sur les mouvements oculaires, donnait de bons résultats. J'ai donc accepté, un peu sceptique... Et je n'ai pas regretté ! Lors des séances, une scène traumatique de mon enfance m'est revenue en mémoire. C'était un soir, j'avais 7 ans, je n'arrivais pas à dormir et je me suis levée pour aller voir mes parents. En arrivant près de leur chambre, j'ai entendu des cris : ils étaient en train de se disputer. Je me rappelle avoir pensé que papa n'était pas gentil avec maman, et souhaité qu'il meure. Je suis retournée me coucher sur la pointe des pieds. Quelques jours plus tard, mon père est mort dans un accident. Avec la psy, j'ai compris que je nourrissais, depuis, une culpabilité énorme. Inconsciemment, je pensais que mon père était mort à cause de ma pensée magique. Il fallait que je répare cela, en mettant de la gaieté dans la vie de mon frère et de ma sœur, qui avaient perdu leur papa par ma faute.*

Par la suite, j'ai compris que cette culpabilité était double, car, de toute ma famille, j'étais celle qui avait le mieux surmonté la mort de papa. Ma mère était littéralement cassée, et ne s'en est d'ailleurs jamais vraiment remise. Mon grand frère, qui avait 12 ans à l'époque de l'accident, s'est tourné vers la drogue, a été en échec scolaire... Encore aujourd'hui, à 50 ans, il est incapable de rester avec une femme. Ma petite sœur, qui avait 5 ans, a

* *Eye Movement Desensitization and Reprocessing* ou désensibilisation et reprogrammation par mouvement des yeux est un type d'intervention par stimulation sensorielle à visée psychothérapeutique indiqué dans le traitement du stress post-traumatique.

conservé une peur panique de l'abandon… Moi, au milieu de tout ça, j'ai plutôt bien encaissé. J'ai été très triste, mais, contrairement à mon frère et ma sœur, j'ai toujours eu des amis fidèles qui ont su me réconforter. Ils étaient mes échappatoires, je partais en vacances chez eux quand j'étais petite, et avec eux en voyage à travers le monde plus tard.

C'est dans les moments où mon frère et ma sœur allaient le plus mal, et où je n'étais pas là, que j'ai ressenti le plus fortement le poids de cette mission que je m'étais fixée. Et de la culpabilité ! Par exemple le jour où, alors que j'étais en vacances chez une copine, il y a eu une descente de flics à la maison, à cause des histoires de drogue de mon frère. Ou quand, au bout du monde avec mon amoureux, j'ai appris que ma sœur, qui devait se marier, s'était fait larguer par son mec. Comme si j'étais responsable…

Aujourd'hui, j'ai compris tout ça, mais j'ai encore du mal à renoncer. À Noël dernier, par exemple, nous sommes tous partis au soleil fêter l'anniversaire de maman. Comme chaque fois, je me suis chargée de trouver l'hôtel, réserver les billets d'avion, louer la voiture… Tout le monde a trouvé ça normal et personne n'a eu l'idée de dire merci. Ça m'énerve, ça me met parfois dans des colères folles, mais je continue. Je me dis que, sans cela, on ne ferait jamais rien ensemble. Sans doute ai-je une vision de la famille idéalisée… Et cet idéal, je m'y accroche !

*

Dorothée s'est fixé pour mission d'égayer la vie de son frère et de sa sœur pour éviter qu'ils ne tombent, comme leur mère, dans le marasme… Comment expliquez-vous cela ?

Dorothée est bien la preuve que le rang dans la fratrie est sans doute moins déterminant que ce que l'on croit. Dorothée est résiliente, c'est-à-dire qu'elle a la chance d'avoir de meilleures capacités à surmonter les épreuves que d'autres. Elle sait s'appuyer sur ce qu'elle a de force en elle, de joie, pour affronter l'épreuve. Par réflexe d'autoprotection, elle ne veut pas sombrer avec sa mère et tente de tenir ses frère et sœur la tête hors de l'eau. Elle veut rester vivante et maintenir la vie autour d'elle : enfant, elle fait le pitre, elle sait qu'elle est douée pour cela, et, une fois adulte, elle continue en jouant les gentilles organisatrices (des fêtes de famille, vacances...) pour que les autres soient un peu moins malheureux... Ce faisant, elle reste quand même bien ligotée à eux et a du mal à ne pas se soucier d'eux. Mais elle en a conscience, c'est un premier pas essentiel.

Laura, 45 ans, journaliste, célibataire

« Mon frère, c'est l'homme de ma vie. »

Dans ma famille, le plus important, c'était la musique. Elle était bien plus valorisée que les études. Et comme Pascal, mon grand frère, était doué, tous les honneurs étaient pour lui. C'était l'artiste, le virtuose : dès qu'il touchait un instrument, il excellait. Mes parents étaient pleins d'admiration pour leur fils aîné. Ils l'ont énormément investi. On l'appelait « le petit Mozart ». Je me souviens encore du jour où ma mère a vendu sa bague de fiançailles pour lui offrir un piano ! Il y avait comme une symbiose entre eux. Moi, j'avais trois ans de moins que lui, et j'essayais tant bien que mal de suivre ses traces. Je travaillais beaucoup et je ne me débrouillais pas trop mal au piano, mais rien à voir avec Pascal... Quant à Sonia, notre petite sœur, elle n'a même pas eu droit aux cours de piano. Aujourd'hui encore, elle en parle comme d'une grosse frustration.

À l'adolescence, suite au divorce de nos parents, je me suis rapprochée de mon frère, et nous avons formé un groupe : lui au piano, moi au chant. À l'époque, on partageait tout : la musique, les copains, les vacances... Pascal était très protecteur avec moi. On était très fusionnels, un peu comme un couple. J'adorais porter ses chemises, je lui demandais toujours son avis sur mes petits copains. Et quand je partais en week-end avec un amoureux, il venait toujours lui aussi. Lorsque, quelques années après, je me suis plongée dans les études, c'est Sonia qui a formé un duo avec Pascal. Je me souviens que j'étais un peu jalouse… J'ai compris plus tard qu'on était en compétition, ma sœur et moi, pour occuper la meilleure place auprès de notre frère. Pascal est finalement devenu guitariste et a commencé à parcourir le monde pour ses concerts. C'était un homme gai, sensible, fêtard, qui brûlait la vie par tous les bouts. Jusqu'à ce soir du printemps 1995, où il a été victime d'un accident de voiture. Il est mort sur le coup, à même pas 30 ans. Ça a été terrible. J'ai eu l'impression de perdre une partie de moi… La famille a explosé encore un peu plus, chacun s'est enfermé dans le silence. Les années ont passé, je me suis mariée, j'ai eu une fille, puis j'ai divorcé.

Mes relations avec les hommes ayant souvent été chaotiques, j'ai décidé, il y a un an, d'entamer une psychothérapie. Très vite, la psy m'a fait remarquer que je parlais tout le temps de mon frère. Et en revenant sur mes histoires d'amour, je me suis rendu compte que ma relation avec Pascal m'avait littéralement construite. Une relation fusionnelle, avec un frère modèle, complice… J'ai réalisé qu'à travers les hommes que j'avais rencontrés, c'est toujours Pascal que j'avais cherché, et que je cherche encore. Une ressemblance physique, un musicien, une sensibilité extrême ? Je fonçais tête baissée, avant de me rendre compte que, finalement, ces hommes n'avaient pas grand-chose à voir avec Pascal. Et puis je rejouais chaque fois la relation que j'avais eue avec lui : je me plaçais un peu en dessous, dans le rôle de la petite sœur, j'admirais, je valorisais, je m'occupais de mon amoureux…

Cette prise de conscience m'a permis d'avancer. J'ai compris aussi que tout s'est joué très tôt : quand je regarde les films de notre enfance, Pascal, à 3 ans, replaçait déjà la couverture sur le bébé que j'étais... Sans doute sa mort prématurée a-t-elle contribué à l'idéalisation. Mais vingt ans plus tard, il est encore très présent dans ma vie. Maintenant que je le sais, je fais attention à ne pas me laisser piéger, pour faire mes propres choix librement. Mais ce n'est pas gagné ! J'ai encore un peu de chemin à faire pour renoncer à mon rêve secret de rencontrer un pianiste, pour retrouver la complicité que j'ai eue avec mon frère. Je suis quand même sur la bonne voie...

*

Il peut donc exister des sentiments amoureux entre frères et sœurs, comme chez Laura, dont le grand frère demeure l'homme idéal ?

Dans certaines familles, règne ce qu'on peut appeler un climat incestuel. Il n'y a pas de passage à l'acte, mais inconsciemment les fantasmes d'inceste sont présents car les interdits n'ont pas été clairement fixés ou parce qu'un parent, ou les deux, ne garde pas la bonne distance. Dans la famille de Laura, Pascal est idolâtré par ses parents, parce qu'il est doué, musicien, beau. Unique garçon aussi. À qui sa mère confirme qu'il est plus qu'un fils, mais un objet d'amour inconditionnel en vendant sa bague de fiançailles, qui symbolise l'amour du père ! Laura adule son frère comme sa mère. Peut-être, inconsciemment, s'identifie-t-elle à lui, façon de récupérer un peu de son aura. Elle se renforce de sa présence, de cette intimité qu'elle arrive à avoir avec lui à travers la musique et dont sa sœur Sonia est exclue. C'est sans doute aussi une façon de se démarquer d'elle : en étant la complice du frère, elle lui dame le pion ! La mort de Pascal fige les émotions, consolide l'idéalisation de ce héros imaginaire. En mourant, Pascal devient un héros, confirme son statut d'idole, à la James Dean. Une telle personnalité va peser sur les choix amoureux de sa sœur. Amputée d'une partie d'elle-même par la mort de Pascal, mais n'ayant pas pris la mesure de l'importance déterminante de ce deuil, elle est en quête de le retrouver à travers « ses » hommes. Et bien sûr, cette quête est un leurre. Elle ne peut trouver qu'un ersatz de frère, dont, déçue, elle se détourne rapidement. Sa psychothérapie lui permettra sans doute de reconnaître l'ampleur du manque et de la souffrance, et l'autorisera, du coup, à tourner la page et à renoncer à cette quête impossible, épuisante et stérile. Dans d'autres familles, un grand frère ou une grande sœur peuvent représenter un idéal qui influe inconsciemment sur les choix amoureux. Quand la différence d'âge est sensible, on peut voir comme une sorte d'œdipe se jouer avec le frère ou la sœur.

Muriel, 60 ans, kinésithérapeute,
célibataire, un enfant

« La mort de mon frère m'a longtemps empêchée de trouver ma place. »

Mes parents ne voulaient pas tout de suite de deuxième enfant. Et quand ils ont su que ma mère était enceinte, ils ont espéré que ce soit un garçon… Je suis née deux ans après ma sœur, deuxième fille, dans une famille où cette place était associée à la mort : mon père et ma mère avaient tous les deux perdu une sœur qui était la deuxième. Dans l'inconscient familial c'était sans doute la place du mort. Deux ans après moi, un fils est enfin arrivé, mais il est tombé malade et il est décédé à l'âge de 6 mois. Mes parents étaient très malheureux. Ma mère me prenait comme un doudou, un gros nounours qu'on serre dans les bras pour se consoler. Deux ans après ce drame, c'est encore une fille qui est arrivée. Mais elle était jolie comme un cœur, et a séduit mon père ; moi, il me trouvait affreuse et ne se gênait pas pour me le dire. Enfin mon petit frère est né : c'était le héros, le sauveur, l'enfant de remplacement, Zorro !

Au milieu de tout cela, je me suis toujours un peu demandé qui j'étais… J'ai toujours été en quête d'une vraie place, dans ma famille comme dans la société. Pendant toute mon adolescence et le début de ma vie d'adulte, quand on me parlait, je me retournais pour vérifier que c'était bien à moi qu'on s'adressait. Ma sœur aînée était une excellente élève, que mon père grondait quand elle n'était pas première. Moi j'étais en échec, mais on ne me disait rien, ce que j'ai interprété en me disant que, dans les yeux de mon père, j'étais la moche et la bête. Il n'y avait rien à faire. D'ailleurs, je n'ai pas cherché à consoler mes parents de la mort de leur fils : je devais avoir l'intuition que c'était mission impossible.

À 22 ans, j'ai entamé une psychanalyse. C'était l'époque de la libération de la femme, j'avais besoin de débrouiller les relations avec mon père, ma mère, mon frère, mes sœurs... J'ai beaucoup parlé de la place que j'aurais pu occuper et qu'on ne m'a pas accordée. À l'époque, je faisais un rêve récurrent où il était question de la chanteuse Sylvie Vartan. Plusieurs fois, j'ai raconté cela à mon analyste, jusqu'à ce que je bute sur le nom et que je m'entende dire : « S'il vit, va-t'en. » Un énorme lapsus... Ça a été une révélation. Inconsciemment, j'avais compris qu'il n'y avait pas de place pour deux : dans ma tête, c'était ou mon frère décédé, ou moi. J'étais la deuxième, donc à la place du mort, ça aurait dû être moi...

L'analyse ne m'a pas complètement libérée, mais elle m'a permis de mettre de l'ordre dans ma tête, en m'aidant à me resituer dans une histoire dans laquelle chacun avait son rôle. J'ai compris notamment que, si ma place à moi était difficile, celles de mes frères et sœurs n'étaient pas forcément plus enviables. Finalement, chacun avait son sac à porter et le mien n'était pas plus lourd que celui des autres. Ce travail m'a permis de la prendre, cette place après laquelle j'avais si longtemps couru...

*

Dans ce témoignage, le traumatisme de la mort du frère semble renforcer le problème de la place que Muriel occupe dans sa famille...

Effectivement. Dans la famille de Muriel, on voit l'importance du rang dans la fratrie. L'enfant qui était déjà là au moment de la mort du petit frère ou de la petite sœur va tenter de réparer ses parents blessés et de se construire auprès d'eux. Celui qui va naître après – qu'on appelait avant l'enfant de remplacement – peut être chargé de consoler, de remplacer, avec tout ce que cela implique de difficultés, de fantasmes et de projections. Muriel s'inscrit déjà dans une histoire particulière : ses parents ayant chacun perdu une sœur qui était la deuxième de la famille, comme elle, elle occupe symboliquement la « place du mort ». Elle a donc pu imaginer que c'était elle, et non son frère, qui aurait dû mourir, d'où son sentiment de culpabilité. Sa mère la prend comme un doudou, cet objet transitionnel qui permet à l'enfant de mieux supporter l'absence de sa mère. Ainsi, Muriel permet à sa mère de supporter l'absence de l'enfant mort. Elle n'est plus une petite fille libre et autonome, tandis qu'aux yeux de son père, elle n'a pas plus d'existence, de consistance. C'est sa sœur qui reçoit les regards éblouis et l'amour paternels. Il y avait néanmoins en elle une vitalité qui lui a permis de vivre malgré tout et de s'entourer de personnes qui lui ont fait du bien. L'analyse lui a permis de mettre des mots sur toute cette enfance chahutée, d'en démêler les fils. Pour pouvoir enfin se sentir à sa place dans la vie.

Diane, 23 ans, étudiante en droit

« Je m'inquiète pour ma sœur. »

Depuis que nos parents se sont installés à Madrid il y a trois ans, pour le travail de mon père, je vis dans l'appartement familial avec ma sœur Julie qui a 25 ans. Ils ont emmené notre frère, qui est au lycée là-bas. Moi, je termine un master de droit des affaires. Tout devrait être parfait, on a l'âge de vivre seules loin de nos parents, mais pourtant rien ne va. Je me sens tout le temps oppressée, énervée, stressée. Ma sœur m'exaspère ! Elle souffre de troubles bipolaires. Le diagnostic a été posé quand elle avait 19 ans, après un premier épisode dépressif à 17 ans, puis une tentative de suicide à 18. Elle a été hospitalisée à deux reprises et elle est suivie par un psychiatre, pour un traitement qu'elle doit respecter strictement. Au début, je la plaignais et j'essayais de l'aider comme je pouvais. L'aider, c'est l'écouter, car elle peut parler des heures, surtout de ce qui ne va pas...

Quand mes parents sont partis, ils étaient assez inquiets de la laisser avec moi, pas tellement pour moi. Pour elle surtout. Depuis sa tentative de suicide, ils sont terrorisés à l'idée qu'elle recommence. Quand ils me téléphonent, c'est pour savoir comment elle va ! En ce moment elle va bien, mais elle est soûlante car elle est toujours excitée, bordélique comme personne. Quand je travaille le soir, elle s'en fiche complètement, elle peut mettre sa musique à fond ou entrer dans ma chambre parce qu'elle a envie de me parler. Je la remets à sa place bien sûr, mais après je m'en veux et j'ai une sorte d'angoisse, comme si j'avais peur qu'elle avale d'un coup sa boîte de médicaments. Je garde en tête son image, inerte sur le plancher de sa chambre, blanche comme un linge, comme morte. J'avais 16 ans, je rentrais du lycée tôt, vers 15 heures, car des cours avaient sauté. En principe il n'y avait personne à la maison à cette heure : les parents étaient au bureau, mon petit frère à l'école, ma sœur dans sa boîte à bac... En passant devant sa chambre, je l'ai vue. J'ai tout de suite compris, j'ai fait le numéro des secours, comme un automate, et j'ai appelé mon père. Les pompiers sont arrivés très vite, même si j'ai eu l'impression que c'était très long. Ils l'ont emmenée tout de suite aux urgences. Mon père est arrivé à son tour et il est parti à l'hôpital. Je crois que c'est ce jour-là que j'ai perdu mon insouciance. Depuis, je suis en alerte. Elle, évidemment, elle ne s'en rend pas compte. C'est elle qui est à plaindre, pas moi. C'est elle qui est malade, pas moi. Je le sais et je le comprends. Mais cela me pèse. De plus en plus. Je ne parle jamais d'elle et de sa maladie, à personne. Je n'en ai pas honte, mais cela me gêne quand même.

Avant sa dépression, on s'entendait plutôt bien. Elle était aussi exubérante que moi j'étais réservée, aussi désinvolte en classe que j'étais sérieuse et appliquée. Elle pouvait être très drôle, un peu fantasque. Bref, elle prenait beaucoup de place mais ça ne me dérangeait pas. Souvent en conflit avec mes parents car elle ne travaillait pas, elle pouvait plomber l'atmosphère, mais j'étais plutôt de son côté. Mes parents me laissaient tranquille, trop contents que je ne fasse pas de bruit, que je travaille bien. Pour eux je crois que j'étais la fille équilibrée, sans histoires.

Aujourd'hui, je leur en veux un peu d'être partis sans me demander ce que cela me ferait d'être seule face à Julie. Ils ne m'ont jamais posé la question, sans doute parce qu'ils ont peur de la réponse, ou qu'ils pensent que pour moi tout cela va de soi, que je suis blindée, armée ? Ils ne savent pas à quel point je rêve d'avoir l'esprit libre, de me sentir plus légère. J'ai même du mal à me réjouir de mes projets. J'aimerais partir six mois à l'étranger pour clore mon cursus. Mais si je le fais, ce sera, j'en suis sûre, avec le souci de Julie. Même en mettant des milliers de kilomètres entre elle et moi, je crois que cela ne me quittera pas.

*

Lorsqu'un frère ou une sœur est atteint d'une maladie mentale, qu'est-ce que cela entraîne ?

Qu'elles se révèlent pendant l'enfance ou à l'âge adulte, les maladies psychiques des frères et sœurs – troubles autistiques, dépression, bipolarité, schizophrénie... – sont lourdes de conséquences. D'abord, elles sont difficiles à comprendre pour l'entourage, et il faut du temps à tout le monde pour les intégrer. Ensuite, par méconnaissance, elles ont longtemps été considérées comme des tares familiales qui faisaient un peu honte et que l'on cachait. Heureusement, les choses ont évolué et les progrès dans la compréhension des dysfonctionnements ont fait changer le regard que l'on posait sur ces maladies. Il n'empêche que, si on prend l'exemple de la dépression, il n'est pas toujours facile d'accepter que ce n'est pas un manque de volonté mais une vraie maladie. Elle fait en plus planer l'idée insoutenable du suicide, donc de la mort d'un frère ou d'une sœur. On le voit bien chez Diane qui vit en permanence avec la peur d'un nouveau passage à l'acte, et est exaspérée par les excès de sa sœur quand elle n'est pas en phase dépressive. C'est très déstabilisant pour elle, d'autant que ses parents lui ont donné la désagréable impression de fuir la situation en partant vivre à l'étranger : Diane est donc contrainte d'assurer à leur place. Elle a manifestement été surestimée par ses parents dans sa capacité à encaisser les choses. C'était leur « fille solide » mais du coup, comme elle le dit avec regret, à 23 ans, elle a perdu son insouciance : son quotidien est alourdi par ce souci, ce qui l'empêche de vivre la vie d'une jeune femme de son âge. Elle ressent de la culpabilité, de la lassitude, de la colère… et espère échapper à ce problème en partant loin, elle aussi. Mais il n'est pas certain que la distance lui permette de prendre le recul suffisant. Le point positif est qu'en partant, elle ose remettre ses parents devant leurs responsabilités.

III

Conjoint, amoureux, amant : l'amour à deux peut ligoter !

Les relations avec les parents et les frères et sœurs peuvent, plus ou moins insidieusement, empêcher d'avancer légèrement, librement. La relation amoureuse peut, elle aussi, entraver, même si elle est a priori choisie librement pour être source d'épanouissement.

Réussir sa vie amoureuse semble être devenu une priorité... Pourquoi ?

La relation amoureuse est attendue à l'adolescence, souvent depuis la petite enfance, à travers le mythe de la princesse et du prince charmant, qui a encore de belles heures devant lui ! Le garçon comme la fille espèrent rencontrer celui ou celle qui le ou la rendra plus heureux(se), plus épanoui(e), avec qui il pourra construire la vie dont il rêve... Ainsi, dans notre culture, et dans notre société où les repères sont de plus en plus flous, avoir une vraie relation amoureuse, trouver la personne avec laquelle on s'épanouit, c'est l'idéal de chacun. Or, s'il y a une relation complexe, c'est bien celle-ci, fondée sur des attentes extraordinaires et incertaines qui risquent d'être sources de désillusions. Elle est pleine de nos rêves d'enfant, chargée de notre histoire personnelle et de la façon dont nous avons traversé, à l'adolescence, le deuil de ce paradis perdu.

Que se passe-t-il quand on tombe amoureux à l'adolescence ?

Dans les premières rencontres amoureuses, il y a le sentiment d'avoir trouvé son idéal masculin ou féminin, son double, celui ou celle qui viendra nous combler. Cette idéalisation peut perdurer à l'âge adulte, et se répéter sans fin, à travers les passions amoureuses. La figure idéale – par une ressemblance physique, un trait de caractère, une profession, un prénom… – n'est pas sans rappeler les premières figures d'attachement que sont le père et/ou la mère, mais aussi d'autres figures de l'enfance, un frère, une sœur, un oncle, ou même une personne extérieure à la famille. Le plus souvent inconsciemment, on recherche ce petit quelque chose de familier qui nous rassure, nous ramène au cocon de l'enfance.

Vous voulez dire qu'à travers son premier amour, on recherche une part perdue de son enfance, donc de ses parents ?

Il reste, dans le recoin inconscient de chaque adolescent, un petit enfant qui voudrait retrouver l'amour inconditionnel qu'il a connu. En tombant amoureux de quelqu'un, on est attiré, sans le savoir vraiment, par ce que cette personne a de familier. On retrouve ce qui nous a déjà séduit et qu'on a gommé de sa mémoire. L'adolescent, aux prises avec un corps pubère et des pulsions qui rendent enfin possible la rencontre amoureuse et sexuelle, doit se dégager de ses parents. Parfois, alors qu'il croit y être parvenu, il retrouve à son insu, dans sa relation amoureuse, quelque chose de l'un ou de l'autre de ces figures de l'enfance. Certains choisissent une personne à l'opposé de leurs références familiales pour prendre de la distance. C'est une tentative de prendre de l'autonomie, de sortir vraiment de l'enfance. Mais derrière ce choix radicalement différent en apparence se cachent souvent un fort attachement aux parents, et une difficulté à s'en libérer. Ce n'est donc pas simple de construire sa vie affective et sexuelle, car cela implique de se libérer du lien infantile aux parents.

En quoi le schéma affectif qu'on a développé depuis l'enfance avec ses parents peut-il influencer les relations amoureuses nouées une fois adulte ?

Comme le montrent les témoignages qui suivent, certaines personnalités sont dans une quête éperdue de ce qu'elles ont connu dans l'enfance. Elles ne renoncent pas, ne tournent pas la page. C'est le petit enfant qu'elles ont été qui domine et reste accroché à ses références affectives premières. Sans que cela soit forcément extrême, il y a chez chacun l'empreinte du schéma affectif développé dans l'enfance. C'est alors que l'on a appris à reconnaître et à réguler ses émotions. Les parents, par leur façon de vivre les leurs, et les mots qu'ils mettent sur celles de leurs enfants, leur apprennent à se comprendre, à se penser eux-mêmes et à ne pas se laisser déborder par leurs émotions. C'est donc avec ces modèles qu'on aborde l'adolescence et les émois amoureux.

Le modèle du couple des parents influence toujours le couple que l'on construit à son tour ?

Le couple des parents – ou son absence, en cas de séparation ou de deuil – marque forcément. Depuis la naissance, on partage leur façon d'être ensemble, de vivre leurs émotions, on assiste à leurs échanges, conflictuels ou tendres. À l'adolescence, on prend du recul, et on pose un regard plus critique sur leurs personnalités et le fonctionnement de leur couple. Mais on reste influencé par ce premier modèle. Cela dit, en grandissant, et surtout en abordant l'adolescence, on est confronté à d'autres modèles de couples : des tantes, des cousins, des parents de copains. Ils peuvent apparaître plus séduisants, plus excitants ! En fonction de ces rencontres et de son histoire, chacun va faire le choix plus ou moins conscient de suivre le modèle parental ou de s'en éloigner (type de relation affective, couple fusionnel ou très indépendant, répartition des tâches, nombre d'enfants, etc.).

Est-ce qu'on passe tous par là ?

Quand il s'agit d'émotions, de relations affectives, nous ne sommes pas tous logés à la même enseigne : il faut se garder de trop généraliser, de normaliser. Il y a des personnalités construites de manière plus indépendante et autonome, et qui projettent moins les figures de l'enfance sur leur amoureux ou amoureuse… Mais un grand nombre d'hommes et de femmes, en fonction de leurs sensibilités ou des blessures qu'ils ont pu connaître dans l'enfance, cherchent, dans leur couple, une façon de réparer et de combler leurs manques. Et c'est un objectif à risque ! Même si on est tous plus ou moins influencés dans nos choix amoureux par ce qui a marqué notre enfance, l'enjeu de la vie d'adulte, et de couple en l'occurrence, est de construire, à partir de cela, une histoire inédite et qui nous ressemble.

Certaines personnes, fragilisées par la séparation ou la mésentente de leurs propres parents, sont terrorisées quand leur couple traverse des difficultés…

Le couple construit pour réparer les blessures de l'enfance – que ce soit le divorce des parents ou le sentiment d'avoir été moins aimé ou pas suffisamment valorisé – rend plus vulnérable. Celui qui reste dans ce fantasme risque d'être très déçu car, encore trop accaparé par le passé, il aura du mal à construire vraiment le présent. Quelque chose de l'enfance demeure encore très vivant, qui fait qu'il est dans l'attente d'un autre qui comble, tel le nourrisson dans son lien à sa mère. Il faut s'éloigner de son enfance pour parvenir à considérer l'autre comme un partenaire à part entière et non comme une béquille, un médicament, un prolongement de soi ou de ses parents défaillants... Mais c'est un travail de longue haleine et il faut souvent des années – notamment quand les couples se sont constitués jeunes – pour entrer dans une relation adulte qui évoluera encore ...

Le règne de l'épanouissement à tout prix ne fait-il pas peser de nouvelles contraintes sur le couple ?

Tout à fait. Aujourd'hui, il faut être heureux absolument et tout le temps. On est condamné au plaisir, à la jouissance. Je vois chez les jeunes adultes le poids de ce modèle social qui met la barre très haut et qui fait croire, par exemple, qu'une vie de couple est un long fleuve tranquille, sans heurts, ni contraintes, ni conflits. Quand ils se retrouvent face à la réalité, ils sont perdus et ont le sentiment d'avoir été trompés.

Cela peut-il expliquer la désillusion ressentie lors d'un chagrin d'amour, qui peut s'accompagner de symptômes dépressifs : troubles du sommeil, de l'alimentation, de l'humeur... ?

Quand on est très amoureux et que l'autre s'en va, le monde s'écroule, la vie n'a plus de sens, les saveurs n'ont plus de goût, les autres ne sont que des ombres sans intérêt. Comme dans le deuil, on est dans le chagrin de la perte qui nous rend mélancolique. Pourtant, on perd quelqu'un qui est bien vivant ! Il s'est juste détourné de nous, alors que nous étions encore en attente, en demande, dans le besoin de sa présence. On ressent un sentiment d'injustice énorme, et d'impuissance aussi. Car on est clairement confronté à nos limites : l'autre ne nous appartient pas et n'a pas forcément besoin de nous comme nous avons besoin de lui ! Si la force du chagrin d'amour est proportionnelle aux attentes et à la passion qu'on a éprouvée, un chagrin d'amour n'est toutefois jamais anodin.

À l'adolescence, un chagrin d'amour peut même être destructeur...

Oui, car l'adolescence est un moment où l'on ne ressent pas les choses tièdement et où l'image de soi est fragile. Le sentiment d'abandon se réactive facilement car l'immaturité du petit homme, sa dépendance absolue dans les premiers mois de sa vie, le rend particulièrement vulnérable. Nous avons tous vécu des expériences de séparation, même banales et bien enfouies (un retard des parents à la crèche, la mort d'une grand-mère que les parents n'ont pas jugé utile d'expliquer, des parents imprévisibles qui ont insécurisé leur enfant par leur manque de fiabilité...). Si ces expériences nous ont particulièrement fragilisés, parce qu'à l'époque nous étions trop immatures pour les assimiler, l'angoisse d'abandon peut se réactiver toute la vie, notamment à l'occasion d'un chagrin d'amour. En plus d'être douloureux, le « désamour » fait perdre confiance en soi, en l'autre. On a l'impression que l'on ne vaut plus rien, qu'on est coupable d'insuffisance et qu'on ne pourra plus jamais faire confiance à personne. Si à cela s'ajoutent des expériences douloureuses de séparation ou de deuil dans le passé, le risque de dépression ou de passage à l'acte impulsif (fugue, conduite à risques, tentative de suicide) est encore plus grand.

Peut-on ressortir plus fort d'un chagrin d'amour ?

On sort toujours renforcé d'une épreuve quand on l'a surmontée. Elle nous montre déjà notre vitalité, notre capacité à rebondir. C'est plutôt réconfortant, voire valorisant. Dans l'expérience du chagrin d'amour, on apprend à mieux se connaître dans la relation à l'autre, ce qu'on attend de lui, nos besoins, nos priorités, ce que l'on veut donner et recevoir. Parfois, avec le recul, et éventuellement l'aide de quelqu'un, c'est l'occasion d'analyser ce qui a pu mener à l'échec et de remettre en question certains de nos comportements, afin d'envisager une relation amoureuse satisfaisante. Bref, tout cela permet d'évoluer, de grandir, de sortir un peu plus de l'influence des autres !

Quand on se met en couple avec quelqu'un, on écope de sa famille, dont la fameuse belle-mère. Pourquoi est-elle si souvent source de conflit ?

Si les relations avec la belle-mère – en particulier de la belle-mère avec sa belle-fille – sont souvent compliquées, ce peut être pour plusieurs raisons. Si la belle-mère considère inconsciemment son fils comme « son homme », l'idée de le partager avec une autre femme – plus jeune qu'elle, et forcément différente – peut la mettre dans une situation de rivalité insupportable. Ne voulant pas perdre sa place dans l'univers affectif de son fils, elle va lutter contre cette femme qu'elle imagine vouloir la détrôner. Elle peut alors se montrer agressive et intrusive, formuler des critiques récurrentes, des réflexions mesquines, souvent en prenant à témoin les petits-enfants. Et c'est une guerre qui peut durer toute une vie ! Mais la belle-fille a aussi souvent sa part de responsabilité dans l'histoire. Soit parce que étant en manque de sa propre mère, elle recherche dans sa belle-famille une réparation impossible et se laisse ligoter. Soit parce qu'elle est trop attachée à sa propre mère ou à son propre modèle familial et, prise dans ce conflit de loyauté, elle ne veut pas trahir sa mère en laissant la place à celle qu'elle considère comme une rivale de sa mère ; ou bien se sentir en rivalité parce qu'elle se sent menacée par la personnalité ou la réussite de sa belle-mère. Tout cela empêche le couple de s'épanouir à sa manière, loin des diktats familiaux. Pris dans ce conflit de femmes, les maris/fils, souvent mal à l'aise, ont beaucoup de mal à se positionner clairement, ce qui n'améliore pas la situation et attise souvent le ressentiment de leur mère comme de leur femme... Certains prennent le parti de leur femme, en marquant de la distance avec leur mère, car ils ne voient pas d'autre moyen de construire leur couple. D'autres laissent régner leur mère, quitte à mettre leur couple en péril. D'autres encore se débrouillent en jouant les anguilles !

En quoi le couple évolue-t-il quand il a des enfants ?

L'arrivée du premier enfant sort le couple de son tête-à-tête et le détourne nécessairement, en tout cas pour un temps, de l'état fusionnel, en accaparant de l'énergie, du temps, en provoquant une réorganisation matérielle... Les premiers mois, les mères sont dans une relation de dépendance absolue vis-à-vis à leur enfant. C'est ce que le pédiatre et psychanalyste Donald W. Winnicott nomme la « préoccupation maternelle primaire ». Certains couples – qui s'étaient construits sur un modèle fusionnel et n'ont pas évolué – ne résistent pas à ce chamboulement, et se séparent très tôt après. De plus, devenir parent réactive chez chacun des projections de son enfance, avec des références éducatives souvent très différentes : l'un peut être obsédé par la réussite scolaire, l'autre par la politesse… Et il est essentiel de composer si l'on ne veut pas que l'un prenne l'ascendant sur l'autre. Ces divergences sont d'autant plus compliquées à surmonter lorsque les grands-parents, qui jusque-là étaient peut-être restés discrets, se montrent intrusifs. Le couple parental doit, s'il veut rester libre, donc vivant, se construire comme se construit le couple amoureux, en essayant d'inventer, de créer sa propre histoire, sans être trop parasité par l'histoire personnelle de chacun et les modèles environnants.

Le modèle du couple a beaucoup évolué en quelques décennies, notamment grâce à la libération de la femme…

Il est certain que le travail a donné aux femmes la liberté de ne plus être dépendantes économiquement de leur conjoint, ce qui change radicalement leur situation. Que pouvait faire une femme sans moyens financiers, lorsqu'elle était malheureuse, soumise, voire maltraitée dans son couple ? Sa marge de manœuvre était infime, voire nulle. Le fait de faire des études, de travailler, donc d'avoir une indépendance financière – même si, sur le plan des salaires, l'égalité avec les hommes est encore rare –, leur donne la possibilité de choisir la vie qu'elles veulent mener. La contraception et le droit à l'avortement ont aussi profondément changé les relations amoureuses, en les déconnectant de l'idée de procréer et de fonder une famille. Les femmes ont d'ailleurs leurs enfants à 30 ans en moyenne, après avoir fini leurs études, lancé leur carrière et vécu librement leur vie sexuelle. Mais aujourd'hui, les femmes attendent beaucoup de leurs conjoints : qu'ils soient performants dans leur travail, dans leur sexualité, dans la paternité. Ils doivent cocher toutes les cases. Et vice versa, du reste ! Les hommes sont très fiers que leurs femmes réussissent professionnellement, mais il faut aussi qu'elles assurent en grande partie la gestion familiale et qu'elles soient des amantes toujours partantes, jamais fatiguées… Les médias et le discours social en général vont complètement dans ce sens : il faut assurer sur tous les tableaux, être les plus performants partout ! C'est épuisant ! Je vois souvent en consultation des quadras à bout de souffle, physiquement et moralement, qui ne comprennent pas leur épuisement, tant ils sont absorbés par le système. Système qui touche aussi leurs enfants, mis en demeure, à leur tour, d'être performants ! Au-delà de l'emprise affective et familiale, on est ici dans l'emprise sociale.

L'argent n'est-il pas, de toute façon, un enjeu de pouvoir dans le couple ?

Autrefois, l'homme gagnait l'argent, le rapportait à la maison, mais c'était en général la femme qui le gérait pour la famille (logement, nourriture, vêtements…). Avec le travail des femmes et la société de consommation, le rapport des unes et des autres avec l'argent a beaucoup évolué. Dans nos sociétés, il symbolise le pouvoir, la sécurité et la liberté. C'est beaucoup ! Chacun a un rapport singulier avec l'argent, qui s'est forgé en fonction de sa personnalité, de son éducation, de son expérience, etc. La façon dont l'argent a été considéré, dépensé, vécu dans l'enfance (aisance, manque, chantage…) influe sur la manière dont on dépense une fois adulte. Pour certains, il n'y a pas de problème, pour d'autres c'est anxiogène (peur de manquer, peur de dépenser…) ; d'autres encore dépensent l'argent qu'ils n'ont pas ! En se mettant en couple, on confronte son rapport avec l'argent à celui de l'autre. C'est parfois source de conflit et d'incompréhension mais, en général, quand un couple décide de s'installer ensemble, il s'arrange pour trouver une certaine entente financière. Le fonctionnement mis en place est d'ailleurs très révélateur : certains ont un compte commun, d'autres des comptes séparés, d'autres encore des comptes communs pour les « dépenses communes » et des comptes séparés pour les « dépenses personnelles ». Il est intéressant de voir ce que chacun met derrière l'idée de dépenses communes et de dépenses personnelles.

Après, il faut faire avec les aléas de la vie, qui en créant des déséquilibres qui n'existaient pas au début de la relation, peuvent la rendre plus complexe, voire la menacer.

En effet, une perte d'emploi, un héritage, un congé parental ou de reconversion peuvent donner à l'un une puissance financière que l'autre n'a pas ou n'a plus, donc créer des rapports de force qui changent la donne… À mon cabinet, j'entends des hommes et des femmes qui, en période de non-activité professionnelle, quelle qu'en soit la raison, se sentent obligés de rendre des comptes à l'autre ! Quand cela dure plus longtemps que prévu, ils le vivent comme une aliénation très pénible. Ils se sentent souvent coupables, redevables, dépendants… des sentiments qui conduisent tout droit au ressentiment et au conflit ! La situation professionnelle dans un couple peut aussi s'inverser et celui qui gagnait mieux sa vie ou avait un «meilleur job» peut tout à coup être dépassé par l'autre, en termes de salaire ou de responsabilités. Certains vivent cela avec ambivalence : une grande fierté mêlée à l'envie, au regret de ne plus être celui qui domine, qui protège…

Au sein du couple, la sexualité peut, elle aussi, devenir un enjeu de pouvoir et de domination… Dans quelle mesure ?

La sexualité, c'est le partage de ce qu'il y a de plus intime chez l'un avec ce qu'il y a de plus intime chez l'autre. Cela ne va donc pas forcément de soi ! La rencontre des sexes, c'est-à-dire la sexualité génitale, se découvre à l'adolescence. Elle évolue et fluctue tout au long de la vie. Elle est faite de découvertes, elle ouvre à l'inconnu. Elle s'enracine dans l'enfance et s'imprègne des émotions ressenties dans l'environnement familial : plaisir, joie, peur, dégoût. Sur elle pèsent aussi les règles morales plus ou moins sévères, les interdits transmis plus ou moins consciemment à travers les générations. Cela veut dire que, quand on se met en couple, chacun arrive avec son bagage, plus ou moins léger, plus ou moins lourd. Il faut trouver un ajustement qui ne va pas de soi, car le désir n'est pas toujours synchrone. La sexualité dans le couple est un lien puissant et un mode de communication parmi d'autres. Elle est une façon de se dire qu'on s'aime ou alors qu'on s'aime moins, quand le désir fluctue. Mais elle peut être aussi une arme de pouvoir. Pour reprendre l'exemple de la non-activité professionnelle, un homme qui se sent affaibli par une perte d'emploi peut vouloir récupérer ce pouvoir en se montrant dominant au lit. Une femme qui se sent inutile parce qu'elle ne travaille plus peut se sentir obligée d'«assurer au lit» alors que sa libido ne suit pas…

D'autant que nous vivons dans une société hypersexualisée...

Aujourd'hui on assiste à une tyrannie de l'orgasme : il faut jouir et faire jouir, les sondages créent des normes qui ne sont pas compatibles avec la réalité de ce que vit un couple au quotidien. Cette normalisation, cette exigence de la performance aussi sont à l'opposé du lâcher-prise et de la créativité, indispensables à une relation intime épanouie où chacun peut s'autoriser à prendre du plaisir et à en donner, sans condition, sans schéma et sans norme…

Paradoxalement, dans cette société hypersexualisée, l'infidélité est souvent vécue comme la trahison suprême. Pourquoi ?

Parce que alors qu'on s'était senti choisi, élu, préféré dans la relation – valorisé et sécurisé –, tout à coup, on perd cette place. L'infidélité du conjoint – qu'elle soit sexuelle ou purement sentimentale, d'ailleurs – est vécue comme une injustice, une humiliation, qui remet en question la confiance que l'on a en l'autre et l'image que l'on a de soi. Lorsqu'on est trompé, une fois la colère passée, on a tendance à se remettre en question, on pointe ses insuffisances, on se dévalorise… Alors que l'adultère n'est sûrement pas la preuve que l'on ne vaut plus rien ou que l'autre ne nous aime plus. Il signifie en revanche que, pour de multiples raisons qui lui sont propres – peur de vieillir et de mourir, besoin de se rassurer, envie d'ailleurs, découvertes de nouveaux horizons, etc. –, le désir de l'autre s'est porté sur quelqu'un d'autre. Le sentiment d'être trahi est d'autant plus mal vécu aujourd'hui que la relation amoureuse est sacralisée. La vie de couple est bâtie sur le sentiment amoureux et non plus, comme avant, sur des arrangements familiaux ou sur l'unique projet de fonder une famille. L'adultère est donc vécu davantage aujourd'hui qu'autrefois comme du « désamour ». Certains sont habités par la peur d'être trompés. Elle est parfois légitime, mais elle peut aussi ligoter dans le sens où elle alimente souvent une jalousie qui devient vite obsédante…

Un autre moment délicat est celui du départ des enfants…

Le départ des enfants est un tournant dans la vie en général, et notamment dans la vie de couple. Sur un plan personnel, il est le signe de son propre vieillissement. Chez la femme, il correspond souvent avec la ménopause et la nécessité de faire le deuil de sa fécondité. Mais il affecte également les pères qui, de plus en plus investis auprès de leurs enfants, peuvent très mal vivre ce départ. Cela peut aussi coïncider avec la retraite, la maladie ou la mort de ses propres parents… Bref, un moment où s'enchaîne une succession de deuils. C'est la fameuse « crise de milieu de vie », vécue plus ou moins douloureusement selon les personnes. Alors que l'enfant prend son essor, est dans la construction personnelle, les parents, eux, sont dans la dynamique inverse. Cela peut être source d'angoisse, de tristesse, de regrets, parfois de déprime. Plus l'enfant était au centre de la vie des parents, plus le départ sera compliqué.

Si le couple de parents s'est largement substitué au couple d'amoureux, le départ des enfants va mettre un gros point d'interrogation sur la façon dont il va évoluer. Les retrouvailles peuvent être agréables car tout ce temps libéré peut permettre d'avoir de nouveaux projets. Mais ce départ peut aussi révéler la distance gigantesque qui s'est installée dans le couple et qui était masquée par la présence des enfants. Je vois souvent en consultation des mères mais aussi des pères désemparés par le départ de leurs enfants. Ils évoquent avec nostalgie ces petits riens de tous les jours qui faisaient la vie de famille : la musique dans les chambres, les portes qui claquent, le frigidaire à remplir… Et toutes ces conversations autour des enfants qui, aujourd'hui, leur manquent. Le couple ne peut plus faire l'impasse sur son tête-à-tête. Certains arrivent à se retrouver avec bonheur. Pour d'autres, cela va être la fin d'une histoire qui a perdu sa raison d'être.

Finalement, peut-on vivre en couple et rester vraiment autonome ?

La relation amoureuse de manière générale implique, pour qu'elle soit épanouissante, de tenir compte de l'autre, de ses besoins et de ses désirs… ce qui n'induit pas de perdre sa liberté ! Au début d'une rencontre, l'état amoureux entraîne un besoin de l'autre, aussi physique que psychologique, et cette perte d'indépendance est alors source de plaisir, elle n'est pas vécue comme une contrainte… Mais ce quelque chose qui nous exalte et crée le lien n'est pas fait pour rester en l'état. Tout l'enjeu du couple est de passer de cette passion amoureuse extraordinairement comblante, et qui met en état de dépendance, à une relation où la dépendance à l'autre va peu à peu s'atténuer. C'est ce qu'enseigne Khalil Gibran dans *Le Prophète* : « Dans la joie, chantez et dansez ensemble, mais que chacun de vous soit seul. » Il faut chercher à s'enrichir de la présence de l'autre, tout en restant soi-même, fidèle à ses désirs.

Dans les témoignages qui suivent, on voit qu'il est parfois difficile d'échapper à l'aliénation au sein du couple… Quel est le secret pour s'en préserver durablement ?

Un couple qui dure – dans une relation vraie, pas seulement dans le temps ! – est un couple vivant, qui réinterroge le lien et réfléchit sur ses besoins et ses envies, aux différentes étapes de la vie. C'est un couple qui évolue, grâce aux crises qu'il traverse et surmonte, sans en avoir trop peur. Ce sont aussi des hommes et des femmes qui ont renoncé à un idéal de perfection inaccessible, impossible, et qui sont capables d'accepter une part de frustration et de déception parce qu'ils ont la volonté de construire une histoire qui dure. Même avec cette volonté, cela ne va pas de soi et certains peuvent avoir besoin, à un moment, d'une aide extérieure, que ce soit par le biais de thérapies individuelles ou de couples. D'autres n'y arriveront pas, ou tout du moins pas du premier coup. Après un ou plusieurs échecs sentimentaux, ils finiront par en tirer des enseignements…

Il est donc possible, au sein du couple, de s'aimer sans emprise ?

Ce devrait être l'objectif de chacun : rester soi-même, entier et vivant, à l'intérieur du couple, être dans une relation amoureuse qui n'est pas faite de chaînes, qui accepte l'autre avec sa part de liberté, en s'autorisant soi-même cette part de liberté. S'aimer sans emprise, c'est possible quand on a compris, ou tout du moins éclairci ses propres zones d'ombre, en lien avec son passé, et que l'estime de soi est suffisamment bonne. Si chacun, après avoir réfléchi à ses liens de dépendance affective, arrive à être clair sur ce qu'il peut donner et a besoin absolument de recevoir, le couple peut alors être une chance formidable de se sentir plus fort, plus énergique, plus vivant, plus libre au contact de l'autre.

Sarah, 35 ans, institutrice, célibataire

« Longtemps, j'ai cherché le prince charmant... »

J'ai toujours été touchée par les hommes qui m'appelaient « ma princesse ». Sans doute parce que mon père – décédé il y a deux ans – nous appelait souvent comme ça, mes sœurs et moi, quand on était petites. Il était très exigeant, et cela à tous points de vue. À l'école, d'abord, il fallait qu'on soit bonnes élèves. Pour rapporter de bonnes notes à la maison, mais aussi pour avoir une « bonne situation », plus tard, devenir des femmes indépendantes, et épouser des hommes qui nous traiteraient comme des princesses, comme lui l'avait fait.

La bonne situation, aujourd'hui, je l'ai. J'ai un métier que j'aime, pas mal d'amis, une vie plutôt agréable... Mais je n'ai pas trouvé l'âme sœur. À 35 ans, cela commence à m'inquiéter. Bien sûr, j'ai eu plusieurs histoires, mais chaque fois il me manque un petit quelque chose chez les hommes que je rencontre. Pas assez rassurant, pas assez viril, pas assez travailleur, pas assez sportif... Toujours ce « pas assez »... En discutant de cela il y a quelques mois avec ma mère qui s'inquiétait que je sois toujours célibataire, j'ai lâché : « De toute façon, aucun homme ne remplacera jamais mon père. » Elle m'a regardée, stupéfaite :

« Mais tu es folle de dire ça ! Il était loin d'être parfait ton père, et nous n'avons jamais voulu te mettre dans un étau ! ».... *Cela a donné lieu à une longue discussion. J'ai réalisé que l'homme beau, élégant, sportif, entrepreneur, viril, rassurant, que je cherchais dans les hommes de ma vie était mon père, pas celui de la réalité, mais le papa parfait, fantasmé, telle que le voyait la petite fille que j'ai été il y a maintenant longtemps. Je recherchais les qualités de mon père chez les hommes, et aussi quelqu'un qui puisse lui plaire : certaines professions – chirurgien, avocat, chef d'entreprise... – m'attiraient plus particulièrement. Sans doute le fait qu'il soit décédé jeune, de façon foudroyante, a-t-il figé encore plus les choses...*

Je me suis rendu compte que j'essayais, inconsciemment, de recréer le lien que j'ai eu avec lui. Par exemple, mon père était affectueux et me montrait de différentes manières qu'il m'aimait, mais il ne me l'a jamais dit. Et moi, comme par hasard, j'ai toujours eu du mal à supporter les effusions amoureuses de la part d'un homme. J'ai toujours trouvé que ça manquait de virilité. Ce genre de situations m'a toujours mise extrêmement mal à l'aise. D'ailleurs, un ex m'a récemment envoyé un SMS en me demandant : « Alors, comment va la handicapée des sentiments ? »... Tout est dit !

Quand je repense à mon enfance, je réalise que ma mère – qui pourtant était présente puisqu'elle avait arrêté de travailler pour s'occuper de nous – se tenait très en retrait, alors que mon père brillait quand il était là. C'est lui, par exemple, qui m'a offert mon premier vélo, après avoir dit cent fois que je n'en aurais pas... Il avait organisé toute une mise en scène, j'étais folle de joie ! Pareil avec ma grande sœur, pour sa voiture... Les étés de mon adolescence, j'ai eu la chance de partir plusieurs fois en voyage par le biais du comité d'entreprise de mon père. Dans ma tête, c'était comme si j'y allais avec lui...

Alors, quand mon père est décédé il y a deux ans, j'ai senti un grand vide. Une perte complète de repères. Ce grand manque affectif, j'ai eu immédiatement besoin de le combler avec des hommes, par quelques aventures sans lendemain, alors que ça n'était vraiment pas mon genre. J'avais un besoin urgent de virilité. De me sentir vivante dans les bras d'un homme. Par la suite, j'ai essayé d'aller voir une psy, pour m'aider à « faire mon deuil » comme on dit, mais j'ai eu l'impression qu'elle me poussait à critiquer mon père, alors j'ai arrêté. Et j'ai décidé de travailler sur moi toute seule, en me lançant des défis qui m'obligent à me retrouver face à moi-même. Des défis toujours très physiques, pour me permettre de ressentir mon corps et soulager ainsi mon esprit. Il y a eu le marathon, le saut en parachute... C'était un peu mes drogues !

Aujourd'hui, je sais qu'il faut que j'arrête avec ce mythe du père. J'ai envie de rencontrer quelqu'un, d'avoir des enfants, de construire à long terme, et tant pis si ce n'est pas avec un homme parfait. Je travaille à être un peu plus souple avec moi-même et avec les autres...

*

Sarah lie ses difficultés amoureuses au fait qu'elle cherche son père à travers les hommes qu'elle rencontre. Pourquoi ça ne marche pas ?

Cela peut marcher un moment, comme dans les couples fusionnels ou les histoires passionnelles, avant que la vie ne se charge de la ramener à la réalité... En effet, cette quête du père ou de la mère est vaine. C'est courir après un fantasme, nourrir une attente à laquelle l'autre, en chair et en os, ne peut répondre, car l'objet d'amour – le père ou la mère de l'enfance, la fusion première – est déjà perdu. Quand on tombe amoureux, il y a souvent une part fantasmatique très forte : on trouve chez l'autre ce qu'on a envie de trouver en lui, on projette sur lui de nombreuses qualités en mettant de côté les défauts. C'est la cristallisation décrite par Stendhal pour évoquer le phénomène d'idéalisation au début d'une rencontre amoureuse. Le regard posé sur l'autre n'est alors qu'une projection de notre désir, parfois à des années-lumière de ce qu'est l'autre dans sa réalité. Mais cela ne peut pas tenir à l'épreuve du temps. Le réel reprend ses droits ! Si on en reste là, on se ligote, on s'emprisonne et cette quête impossible va conduire tout droit à des échecs à répétition. Chez Sarah, la figure paternelle est très forte. Le père régnait de toute son aura sur sa femme et ses trois filles, « ses princesses ». Seul homme à bord, il semblait vénéré de toutes. Sans doute plus que ses aînées, Sarah, petite dernière, a eu du mal à tourner la page de cette enfance choyée par son père adoré. Sa mort est d'autant plus douloureuse et le travail de deuil – travail de renoncement, d'acceptation de la perte – d'autant plus difficile. L'absence du père renforce l'idéalisation et l'espoir de retrouver chez d'autres ce qu'elle a perdu, le regard ébloui de son père sur elle. Longtemps elle croit au miracle, puis, devant les échecs répétés, elle prend conscience qu'elle fait fausse route et se pose les bonnes questions. Au fond, elle sort de l'enfance pour enfin voler de ses propres ailes !

Yves, 50 ans, cuisinier, en couple

« Ma mère est omniprésente dans mes histoires d'amour. »

J'ai eu plusieurs belles histoires d'amour dans ma vie, avec des femmes dont j'ai été très amoureux. Il y a eu Laure, mon premier grand amour, de 19 à 27 ans, puis Fabienne, avec laquelle j'ai vécu juste après, pendant presque deux ans, et aussi Gabriella, une Italienne – on se partageait entre Paris et Milan. Et puis d'autres histoires, plus ou moins longues, mais toujours sincères, jamais des coups d'un soir, ce n'est pas mon truc. Mais ça n'a jamais été jusqu'à l'engagement suprême que représente, pour moi, le fait d'avoir un enfant. Aujourd'hui, à 50 ans, ça me manque, la majorité de mes copains sont pères, j'aime les enfants, et je me demande pourquoi moi je n'en ai pas eu…

Je pressens que cela a un rapport avec ma mère, avec qui j'ai un lien très fort. Il y a quelques années, elle m'a dit de Laure : « Je la considérais comme ma sœur. » Ça a fait tilt. Au lieu de dire « comme ma fille », elle avait dit « comme ma sœur », se mettant au même niveau qu'elle ! Je suis aussi tombé sur une photo de ma mère avec moi, lorsque j'étais bébé. La ressemblance entre Laure et elle m'a sauté aux yeux, alors qu'à l'époque, je ne l'avais pas du tout remarquée, c'était complètement inconscient de ma part…

C'est un peu comme si ma mère était omniprésente dans mes histoires d'amour. Pourtant, elle ne s'est jamais montrée intrusive. Au contraire. Mon père et elle, ayant eu des histoires familiales très conflictuelles, nous ont élevés dans un environnement très aimant. Jamais ils ne se sont permis de porter de jugement sur nos vies ou nos choix amoureux. Mais je crois que je devinais ce que pensait ma mère. Récemment, quand nous avons reparlé de mes ex, je me suis aperçu que les femmes avec lesquelles j'étais resté le moins longtemps étaient celles qu'elle aimait le moins. Et je sais que je ne pourrais pas être avec quelqu'un qui ne plairait pas à mes parents. C'est comme ça. J'ai envie de leur faire plaisir. Surtout à ma mère. Ça me valorise. En fait, je suis resté un petit garçon. D'ailleurs, jusqu'à l'âge de 40 ans, je n'ai pas eu de désir d'enfant. Quand on me demandait pourquoi, je répondais : « Parce que je veux garder ma part d'enfant » !

Après notre rupture, toutes mes ex ont rencontré un homme avec qui elles ont eu des enfants. Quand, moi, je me suis enfin décidé à en vouloir un, c'était avec une femme beaucoup plus jeune que moi, et tellement jalouse qu'on se fâchait tout le temps, à cause de sa suspicion, qui n'était fondée sur rien de réel – c'était invivable. Moi qui avais grandi dans un environnement à peu près serein, je ne voulais pas offrir le spectacle d'un couple qui se déchire à mes enfants. Bref, inconsciemment, je me suis encore une fois arrangé pour ne pas devenir père.

Je crois que j'ai un problème avec l'engagement... Souvent, les femmes m'ont reproché de ne pas les sécuriser assez, alors que je suis pourtant quelqu'un de très fiable. Comme si elles avaient besoin que je les enferme dans mes bras pour se sentir en sécurité. Je conçois le couple comme deux personnes ayant des individualités propres qui s'ajoutent, se rencontrent, s'aiment sans s'annuler l'une l'autre. Je pense que je tiens ça de mon père. Il ne nous a jamais dit « je t'aime », mais il nous a quand même transmis l'amour des autres, en nous laissant libres. Aujourd'hui, alors que mes parents sont très âgés, je reste très proche d'eux. Ils habitent à des centaines de kilomètres de chez moi et je vais régulièrement leur rendre visite. Non parce qu'ils me le demandent ni par sens du devoir, mais parce que j'aime bien être avec eux, je ne veux pas qu'ils se sentent seuls. Cela me semble normal.

Ma peur de l'engagement, mon angoisse de vieillir, ma loyauté inconsciente envers mes parents, mon œdipe pas résolu... tout cela, j'en ai pris conscience ces dernières années, en discutant avec une amie psy. Mais je n'en veux pas à ma mère, car je sais que ça n'est pas elle qui a voulu garder son dernier fils près d'elle comme un petit garçon, mais bien moi qui n'ai pas trop voulu grandir pour ne pas me séparer d'elle. Je suis parti tôt de chez moi, dès l'âge de 16 ans, j'ai enchaîné les petits boulots jusqu'à trouver un métier que j'ai choisi, que j'aime et grâce auquel je suis autonome. Mais sur le plan affectif, c'est différent...

Finalement, je me dis que ça n'est pas grave de ne pas avoir d'enfant et je pense être capable de l'accepter. Peut-être ne suis-je pas fait pour être père...

*

Yves est très attaché *à sa mère. Son « œdipe non résolu », comme il le dit lui-même, l'empêche-t-il d'avancer ?*

Il y a chez Yves, comme chez Sarah, un attachement très fort, très « œdipien » à la mère pour l'un, au père pour l'autre. Sarah comme Yves sont les derniers, ce qui a pu conduire leurs parents à se cramponner à eux. Ils restent les éternels enfants, contrairement à leurs aînés. Pour s'engager vraiment dans une relation de couple, envisager de fonder une famille, avoir des enfants à son tour, il faut être devenu adulte, avoir tourné le dos à l'enfant qu'on était. Yves est très ambivalent dans ses relations aux femmes. Il dit vouloir leur liberté mais n'est-ce pas surtout la sienne qu'il revendique ? Ne cherche-t-il pas à ne pas se donner vraiment, pour ne pas trahir sa mère ? La mort de son père permet à Sarah de réfléchir sur le lien puissant, mais infantile, qui les liait tous les deux. Peut-être Yves devra-t-il attendre de perdre sa mère dans la réalité pour devenir vraiment adulte, et s'autoriser à devenir père à son tour ?

Marie, 30 ans, commerciale, célibataire

« J'étais accro, j'ai sombré dans le chagrin d'amour. »

J'ai rencontré Denis alors que je venais d'avoir 25 ans, par le boulot. La première fois qu'on s'est vus, on s'est regardés longuement, sans pouvoir détacher nos regards l'un de l'autre. C'est moi qui ai fini par baisser les yeux, gênée. Le lendemain, il m'a envoyé un mail en me proposant qu'on déjeune ensemble. On s'est revus trois jours plus tard. Il faisait beau en cette fin de mois de mars. J'avais mis une robe bleue que j'adorais, pas trop courte, pour rester décente, mais très vaporeuse... Tout à fait ce que m'inspirait cet homme, malgré ses quinze ans de plus que moi et l'alliance, large et dorée, qu'il portait à la main gauche, et qu'il n'a jamais cherché à dissimuler. On a commencé par parler boulot, puis, très vite, on a dérivé sur la sphère perso : son épouse, avec laquelle il était marié depuis quinze ans et ses deux filles. Toutes trois habitaient à Lille. Lui logeait dans un studio à Paris la semaine – sa garçonnière, comme il disait – et les rejoignait le week-end. Il m'a demandé si j'avais un amoureux. Pudique, j'ai évoqué mes aventures passagères, avec des garçons de mon âge, rien de très sérieux... « Vous semblez tellement mûre pour des gamins de 25 ans... Ils ne vous méritent pas ! »

a-t-il chuchoté à mon oreille en me caressant la main. J'ai rougi sans rien oser répondre. Mais j'étais troublée comme jamais…

À partir de là, a commencé entre nous une correspondance par SMS extrêmement assidue. Des phrases courtes, parfois juste un mot, mais qui suffisaient à m'embraser. Jamais on ne m'avait adressé de tels mots d'amour… La semaine suivante, il m'a donné rendez-vous pour prendre un verre. On a beaucoup parlé, et au moment de se quitter il m'a proposé de marcher un peu… Il s'est arrêté devant une porte cochère. « C'est là que j'habite. Souhaiteriez-vous visiter ma garçonnière ? » Deux minutes plus tard, nous étions au cinquième étage et, à peine la porte ouverte, on s'est jetés l'un sur l'autre. Jamais je n'avais connu un tel désir, une telle intensité émotionnelle et sexuelle.

Les trois mois qui ont suivi, on s'écrivait des dizaines de SMS par jour, on se retrouvait dès que possible chez lui, à l'heure du déjeuner, pour faire l'amour, on dormait ensemble presque tous les soirs de la semaine… Le week-end, quand il rentrait chez lui, j'en profitais pour sortir avec mes amis, aller à des concerts, dans des bars… bref, faire des choses de mon âge. Notre relation était « légère », « à part », « un écrin à préserver », comme il le disait avec ses mots qui me faisaient chavirer. Denis était attentionné, m'assurait qu'il n'avait jamais vécu cela, que c'était la première fois qu'il osait tromper sa femme. De mon côté, je vivais à fond notre amour. Denis me remplissait, je m'épanouissais comme jamais. J'étais persuadée qu'il allait quitter sa femme. Notre relation me semblait si évidente, si idéale… C'était l'homme de ma vie.

Puis les grandes vacances sont arrivées. Il m'a annoncé qu'il partait quatre semaines avec sa famille. Moi, j'allais avec des amis en Corse puis dans ma famille dans le Sud. La veille de son départ, on a passé la nuit ensemble et, au petit matin, on s'est serrés très fort, comme de vieux amants. Mais très vite, j'ai ressenti une sensation de manque, physique et psychique. Chez mes amis, en Corse, tout le monde riait, buvait, faisait la fête et d'habitude je n'étais pas la dernière ! Mais là, impossible d'en profiter. Je pensais sans cesse à Denis, j'étais en manque de lui. Loin de lui, j'avais l'impression d'être morte. Au bout d'une semaine, n'en pouvant plus, je lui ai envoyé un SMS, alors que je lui avais promis de ne pas le faire. « Baisers de Corse » – sans signature, au cas où. Je n'ai pas reçu de réponse ce jour-là. Ni les suivants. J'ai commencé à dépérir doucement. Je ne pensais qu'à cela. J'ai essayé de l'appeler, plusieurs fois, et je raccrochais sans laisser de message, espérant de tout de mon cœur qu'il me rappelle. Mais rien. J'ai fini par partir avant la date prévue pour aller chez ma mère. Quand je suis arrivée, j'étais exténuée, déprimée... j'ai passé la semaine dans mon lit.

Quand je suis rentrée à Paris, j'ai renvoyé un texto à Denis : « Alors, ces vacances ? » Il n'a pas répondu. Je ne comprenais plus rien. Comment pouvait-on passer d'une passion si brûlante au silence le plus complet ? Lui était-il arrivé quelque chose ? J'ai repris ma vie, dans la morosité. J'avais perdu cinq kilos... Les semaines ont passé. Toujours sans nouvelles de lui. Jusqu'au jour où, à bout de forces, j'ai fini par l'appeler et suis tombée sur son répondeur. Rien qu'à entendre sa voix, mon cœur s'est mis à battre à cent à l'heure. J'ai laissé un message, la voix tremblante, en lui demandant de me rappeler. Trois jours après, son nom s'affichait sur mon téléphone. J'ai répondu immédiatement. Il m'a proposé de déjeuner, j'ai annulé un déjeuner professionnel important et suis allée le retrouver. C'était l'essentiel dans ma vie.

Mais en l'apercevant dans le restaurant, j'ai tout de suite senti que ce ne serait pas un déjeuner d'amoureux. Il était pâle et semblait nerveux. Je me suis assise en face de lui, et j'ai attendu qu'il veuille bien parler. « Ma femme est tombée sur ton SMS de Corse, ça a été un drame. J'aime ma femme, et ma vie de famille. Notre aventure a été agréable mais à côté de quinze ans d'amour... Et puis tu es jeune, tu vas en rencontrer, des hommes. D'ailleurs, en Corse, tu as eu des aventures j'imagine ? » Il m'avait planté un couteau dans le cœur ! Je me suis levée, j'ai attrapé mon sac et je suis partie. J'ai couru dans la rue comme pour fuir le plus loin possible. Et puis j'ai pleuré, beaucoup pleuré. Toute la nuit. Et tout le lendemain. Et beaucoup aussi, l'année qui a suivi...

Denis n'a jamais essayé de me recontacter. J'ai failli le faire cent fois, mais mon orgueil m'a retenue. J'ai mis plus d'un an à ne plus ressentir cette sensation de manque, presque autant à recommencer à sourire. J'ai vécu un grand chagrin d'amour : je ne dormais plus, je ne mangeais plus, j'étais incapable d'aller travailler. J'ai entrepris une thérapie longue et difficile. Des mois à parler pour faire sortir ma douleur, comprendre d'où elle venait, pourquoi je m'étais engouffrée dans cette passion, comment la rupture avait fait réapparaître des angoisses d'abandon enfouies... Aujourd'hui je me sens plus forte, mais je me sais aussi très fragile. Depuis trois mois, j'ai rencontré un garçon gentil et attentionné. On est loin de la passion. Mais je reprends confiance en moi et en l'amour...

*

Marie semble avoir été tout entière sous l'emprise de son fantasme. Elle est accro, et quand son amant ne lui donne pas de nouvelles pendant les vacances, a fortiori quand il la quitte, elle est en manque...

Tel est le piège de la passion. C'est aussi ce qui la rend si enivrante. L'autre devient une nécessité. Sa présence donne ses couleurs à la vie, son absence la ternit. On est comme le drogué qui a absolument besoin de sa dose pour retrouver le paradis perdu et qui, sinon, est en manque. Le manque, dans les conduites addictives, s'exprime sur le plan physique mais aussi sur le plan psychologique, puisque, quand on est « addict », la vie est centrée sur la recherche du plaisir inégalé que procure le produit. Dans le cas d'une passion amoureuse, il y a une aliénation à l'autre, qui prive de liberté. Et quand l'autre s'en va, c'est tous les symptômes de la dépression qui peuvent apparaître : troubles du sommeil, de l'appétit, de l'humeur... Il y a une vraie souffrance, un besoin de soutien immense face au vide abyssal, qui donne le vertige. D'ailleurs, les chagrins d'amour sont souvent une porte d'entrée vers la thérapie, car le sentiment de perdre pied, de ne plus tenir debout tout seul, très fréquent, est insupportable.

Pascale, 44 ans, interprète, divorcée, deux enfants

« J'ai choisi l'aventure de la vie. »

Je viens de finir de lire L'aventure, pour quoi faire ?, *un livre qui rassemble des témoignages de plusieurs aventuriers. Ce bouquin m'a bouleversée. Moi, je n'ai pas énormément voyagé, mais je me sens proche d'eux. À ma manière, je suis sortie d'un quotidien tout tracé pour affronter la vraie vie. Je crois que la dépendance affective se crée quand on n'a pas le courage de s'extirper de son confort pour savoir qui on est vraiment. On est rassuré par cette dépendance affective, car on n'a pas besoin de chercher qui on est : on se contente de le lire dans les yeux des autres, à travers la place qu'ils nous font dans leur vie. Moi, j'ai eu besoin d'affronter la vie pour devenir moi-même. C'est la raison pour laquelle j'ai fait le grand saut il y a cinq ans, en quittant l'homme que j'aimais depuis plus de vingt ans, le père de mes enfants...*

Petite fille, on m'a souvent prise pour un garçon. Les cheveux courts, un peu boulotte, en tee-shirt et pantalon : un vrai petit mec ! J'ai longtemps détesté mon prénom, son côté mixte. Ma féminité, on ne peut pas dire qu'on m'ait encouragée à la développer ! Née six ans après un frère très « garçon », je récupérais ses vêtements. Je n'ai jamais manqué de rien, mais quand je voyais certaines de mes copines que leurs mères emmenaient choisir des robes dans les boutiques, ça me faisait rêver... Moi, même si ma mère était ultra-coquette, elle avait autre chose à faire que du shopping avec moi. D'ailleurs, comme elle rentrait souvent tard à la maison, je m'occupais des courses, du dîner de mon frère, de la vaisselle...

Bref, j'ai grandi dans cette famille, dans laquelle j'étais plutôt heureuse, au milieu des railleries affectueuses de mon grand frère. Les garçons ne m'intéressaient pas trop. J'ai eu quelques flirts, sans lendemain, jusqu'à ce que je rencontre Matthieu. J'avais à peine 18 ans, le jour de la rentrée en terminale, quand je l'ai vu pour la première fois. Il était devant le lycée, et j'ai eu un véritable coup de foudre pour ce nouveau, beau, souriant, hyperlooké. À côté de lui, je me sentais Cendrillon version souillon ! Pourtant, il m'a tout de suite adressé la parole, on est devenus copains, puis amis, jusqu'à ce qu'il me propose de me raccompagner chez moi, un soir d'hiver, et qu'il m'embrasse juste devant la porte. Je n'en revenais pas qu'il me choisisse, moi. J'étais folle amoureuse et prête à tout pour lui plaire. Il me disait souvent que j'étais belle et, grâce à son regard, je suis devenue plus coquette. Mon père – qui ne s'était jamais vraiment soucié de sa fille – a commencé lui aussi à se préoccuper de moi. Depuis l'adolescence, il me savait très complexée par mon poids et m'a proposé, à 19 ans, de m'offrir un régime. Avec du recul, je trouve hallucinant qu'il n'ait pas attendu que j'en exprime le souhait, ou que ça n'ait pas été ma mère, en tant que femme, qui vienne me le proposer... Enfin, bref, j'ai accepté. Et je suis allée voir le nutritionniste qu'il avait choisi pour moi. J'ai suivi scrupuleusement ses conseils, je me suis mise au sport : en six mois, j'ai perdu dix kilos et, avec eux, mes rondeurs d'adolescente. Ça a changé ma vie : à partir de là, j'ai osé porter des jupes, des shorts, j'ai pu mettre des décolletés, montrer mes épaules... Pour la première fois, les hommes se retournaient sur moi. Quand j'étais avec mon père, je sentais son regard plein de fierté, j'adorais ça.

Après le bac, nous sommes allés à la même fac, Matthieu et moi. Pendant cinq ans, nous sommes restés collés, on nous appelait « les tourtereaux ». On ne vivait pas ensemble, mais Matthieu venait souvent dormir à la maison. Mes parents l'adoraient. Mon père l'appelait « mon deuxième fils ». Mon frère était devenu son copain. Nous incarnions le couple parfait, on cochait toutes les cases.

Une fois nos études terminées, on s'est mariés, et, un an après, Tom est né, puis Maïa, deux ans plus tard. Nous avions un chouette appartement, plein d'amis, des boulots intéressants... tout pour être heureux. Et pourtant, c'est à ce moment-là que j'ai commencé à ressentir un malaise. Depuis la naissance de Maïa, je traînais une légère tristesse, une sorte de mélancolie, une envie d'ailleurs... Je recherchais de plus en plus la solitude, trouvais tous les prétextes pour m'isoler, supportais de moins en moins la présence des autres en général, et celle de Matthieu en particulier. Moi qui avais toujours été naturellement douce et aimante avec lui, je me sentais de plus en plus nerveuse en sa présence. Il faut dire que, depuis notre mariage, et encore plus depuis la naissance des enfants, il me faisait régulièrement de petites réflexions. Ça allait de ma manière de cuisiner au rangement de la maison, en passant par les vêtements des enfants... jusqu'au plus intime : il trouvait que nos rapports n'étaient pas assez fréquents. À l'entendre, tous ses copains faisaient l'amour au moins deux fois par semaine, alors que je ne me laissais convaincre qu'une fois tous les quinze jours. J'ai fini par comprendre que le désir n'était plus là. Je m'en voulais : j'étais fatiguée, un peu déprimée, ça devait être difficile à supporter pour un mec de son âge... Bref, j'essayais, encore une fois, de le comprendre. À la maison, la vie devenait infernale. Matthieu, qui avait accepté un nouveau poste dans sa boîte, se plaignait de sa charge de travail. Je l'écoutais, mais cela me pesait. Les week-ends se suivaient et se ressemblaient : monotones ! J'avais l'impression d'avancer droit vers la tombe.

Un jour, je suis arrivée au bout de l'épuisement. Je n'ai pas pu me lever. Matthieu m'a parlé, secouée, mais je ne répondais plus. Il a appelé le Samu et j'ai été hospitalisée. Le médecin a diagnostiqué une dépression sévère. J'ai passé deux jours à l'hôpital et je suis partie me reposer chez mes parents. J'en ai profité pour leur confier mon malaise. Mon père l'a très mal pris et, quand j'ai évoqué l'idée d'une séparation, il m'a engueulée en me traitant d'enfant gâtée. Quand je suis rentrée chez moi, j'étais encore très fragile. J'ai décidé d'aller voir une psy. Mais, après trois séances, j'ai arrêté. Ma décision, j'avais besoin de la prendre sans attendre l'aval de personne. J'ai donc approfondi seule ma réflexion : j'ai beaucoup lu, beaucoup écrit aussi, passé du temps à écouter ma «petite voix». Au bout de plusieurs mois, il m'est apparu que la seule voie pour moi était de m'éloigner de ces deux hommes dans le regard desquels je m'étais perdue. J'ai refusé de voir mon père et de lui parler pendant six mois. Il était furieux. Et puis j'ai décidé de quitter Matthieu. Cette décision a été difficile à prendre, et atroce à annoncer. Tout le monde était contre moi. Mais ma petite voix me disait que c'était la seule route possible.

Alors je me suis accrochée, et je suis partie. Je n'ai pris qu'une valise. Le reste – les meubles, la vaisselle – je m'en foutais. C'est ma liberté que je voulais.

C'était il y a cinq ans. Depuis, je vis dans un petit appartement, et j'ai mes enfants une semaine sur deux. Mais je suis libre, je ne dois plus rien à personne, si ce n'est à mes enfants, et ça n'a pas de prix. Après avoir vécu confortablement pendant des années, j'apprends à gérer mon argent, à vivre dans trente mètres carrés, à trouver des bons plans pour partir en vacances. Bref, j'invente, je vis au jour le jour, j'improvise. Je me sens détachée ! Il y a un an, j'ai rencontré Benjamin, par le boulot. Je n'avais rien imaginé, rien projeté... Mais j'ai senti, dès le début, qu'il allait me pousser vers ce que j'étais vraiment. Avec lui, je me sens juste bien, juste moi-même, sans avoir besoin de jouer un rôle. Sans doute parce qu'il ne cherche pas à me voir telle qu'il voudrait que je sois, mais telle que je suis réellement.

*

Pour se trouver, Pascale a eu besoin d'une rupture radicale avec son père et son mari. Pourquoi tant de violence ?

L'histoire de Pascale est compliquée dès le départ, car on a l'impression qu'il y a autour de sa naissance une sorte de flou identitaire. On lui attribue un prénom mixte, on l'habille avec les habits de son frère, on la coiffe à la garçonne. Bref, sa place de fille n'est pas claire ni valorisée. Son père commence à la regarder quand elle rencontre Matthieu, c'est-à-dire quand elle existe aux yeux d'un homme... qu'il va considérer comme son deuxième fils ! Comme si la naissance de la jeune femme permettait au père de récupérer un autre garçon. À partir de là, il la valorise et elle, trop contente, fait tout pour continuer de le satisfaire : elle épouse Matthieu. Mais ce faisant, Pascale s'inscrit dans le désir d'un autre. Elle fonctionne très loin de ce qu'elle est vraiment. Et d'ailleurs, elle ne sait pas qui elle est. Elle a ce qu'on appelle un « faux self », une personnalité fabriquée pour répondre aux attentes supposées de l'autre. Elle sent qu'elle se conforme à un modèle qu'elle n'a pas choisi, et dans lequel, peu à peu, elle a peine à respirer. Elle en tombe malade. La violence de ses ruptures, le choix radical de la séparation sont à la hauteur de son mal-être. C'est une question de survie pour elle. Elle l'a senti à l'occasion de sa dépression, un temps pour elle, qui, même s'il s'est accompagné de beaucoup de souffrances et de renoncements, lui a permis de se retrouver, ou plutôt de se trouver.

Philippe, 59 ans, entrepreneur, cinq enfants

« Je n'ai toujours pas osé divorcer. »

J'ai été élevé par des parents catholiques pratiquants. Mon père était même traditionaliste. Il nous a entraînés là-dedans, ma mère, ma sœur et moi. J'ai été enfant de chœur, scout, puis, à l'adolescence, je me suis engagé dans un mouvement de jeunes catholiques dans lequel je me suis beaucoup investi. C'est là qu'à 21 ans j'ai rencontré Françoise. Nous nous sommes mariés en 1979. J'étais professeur d'histoire-géo, de français et de grec dans un lycée privé en région parisienne. Françoise faisait des remplacements, elle n'était pas encore institutrice. Nos enfants sont nés entre 1980 et 1988. Nous nous entendions très bien, en tant que parents, mais en tant que couple aussi. Il n'y avait jamais de conflits.

En 1980, je suis entré dans un prestigieux collège à Paris. C'est là que, deux ans plus tard, j'ai rencontré Frédérique, qui venait d'être recrutée comme professeur de français. Je suis tombé fou amoureux d'elle. Je ne le lui ai pas dit tout de suite, j'ai attendu deux ans ! Ma troisième fille venait de naître, je m'en souviens comme si c'était hier, c'était le 25 octobre 1984. Frédérique était tout juste divorcée. Elle avait une fille et un fils de 5 et 3 ans. Elle m'a tout de suite posé la question de Françoise et des enfants. J'étais perdu, je ne savais pas où j'en étais. Nous avons commencé à nous voir en cachette. Vraiment en cachette, car il ne fallait pas non plus que cela se sache au collège. Notre liaison, sur ce mode, a duré sept ou huit ans. En dehors des parents de Frédérique, peu de gens étaient au courant. Françoise elle, l'a su intuitivement, mais elle ne m'en parlait pas. Nous avons eu deux autres enfants. Je me sentais de plus en plus mal dans cette situation. J'aimais Frédérique, mais je me sentais engagé et responsable de Françoise et des enfants. J'ai décidé de quitter l'établissement pour essayer de m'éloigner de Frédérique. Nous ne nous sommes pas vus toute l'année 1997. Mais au bout d'un an je n'en pouvais plus, je l'ai appelée pour lui dire que je ne pouvais pas vivre sans elle. Et là, en un week-end, j'ai parlé à tout le monde : Françoise, mes enfants, mes parents. Je leur ai dit que j'allais vivre avec Frédérique. Tsunami familial ! Françoise a compris que je ne reviendrais pas sur ma décision, mais elle m'a dit qu'elle ne romprait en aucun cas l'engagement qu'elle avait pris devant Dieu dans le mariage. C'est un point de vue que je ne partage pas, mais je le respecte, il a sans doute été le mien pendant un temps et était clairement celui de ma famille. Mon père, au nom de ses principes, était furieux ! Quand je suis sorti de chez lui, il m'a dit que nous nous voyions pour la dernière fois ! Les enfants étaient du côté de leur mère, même si Alice, ma fille aînée, trouvait plus cohérent que je parte.

Je me suis donc installé chez Frédérique. Avec ses deux enfants adolescents, elle formait un trio très soudé et je me suis senti intrus. Au bout de deux ans, je suis parti. Mais je ne suis pas retourné avec Françoise. J'ai pris un appartement seul. Ça a été un moment de grand chambardement personnel, puisque j'ai quitté l'enseignement pour créer une entreprise de rénovation d'appartements. J'ai tenu un an sans Frédérique, et j'ai à nouveau craqué. Elle aussi, heureusement ! Depuis douze ans, nous vivons en couple... mais je n'ai toujours pas divorcé !

Je pourrais demander le divorce automatique, mais je n'ai pas envie de me battre. Frédérique a du mal à comprendre, elle qui a divorcé en deux temps trois mouvements, et s'est débrouillée seule avec deux enfants. Sur le plan financier, j'assume entièrement Françoise. Je sais qu'il faut que cela change. Je me sens coupable par rapport à Frédérique, qui voudrait que je clarifie la situation. Je n'en ai pas encore parlé à Françoise, mais je sais que je dois d'autant moins tarder que je suis malade.

Pourquoi me suis-je laissé empêtrer comme ça dans une situation qui ne me satisfait pas et qui est pleine de paradoxes ? Je me pose souvent la question. La mort de notre fille Alice il y a quelques années a maintenu un lien affectif avec Françoise. Elle seule peut comprendre ce que je ressens, ce besoin de parler d'Alice, car elle le ressent aussi. Mais je ne me voile pas la face, il y a d'autres ressorts. Je pense que mon père, qui jusqu'à sa mort n'a jamais voulu recevoir Frédérique, a peut-être été un modèle plus pesant que ce que j'ai cru ou même ressenti. Son propre père était alcoolique et violent. Du coup, il s'est senti en charge de sa famille. Il est resté chez lui tard, au-delà de 30 ans, pour protéger sa mère. C'était un modèle de responsabilité filiale. Ses principes, qui ont façonné mon enfance, même si consciemment je ne les approuve pas, sont peut-être aussi plus opérants que je ne le crois !

Est-ce que j'ai des regrets ? Oui, celui de n'avoir pas rencontré Frédérique plus tôt. C'est la femme de ma vie.

Mais nous qui avons sept enfants à nous deux, pouvons-nous vraiment avoir des regrets ? Ce qui est sûr – la maladie incite à se poser les bonnes questions ! –, c'est que j'ai fait souffrir Frédérique et je sais maintenant qu'il est urgent que je divorce.

*

Pourquoi la séparation est-elle si difficile pour Philippe, alors que son lien conjugal est caduc et qu'il est engagé dans une relation amoureuse sincère ?

Il y a de multiples raisons à ces séparations impossibles ou, en tout cas, très difficiles, toujours en lien avec l'histoire familiale et personnelle. Dans le cas de Philippe par exemple, le poids de son éducation et de la figure paternelle, redoutée, mais imposante et respectée, joue, de toute évidence, de même que la notion de responsabilité familiale. Au fond, il est attaché à l'image du *pater familias*. Elle ne l'empêche pas de vivre son histoire d'amour avec la femme qu'il aime et qu'il a choisie, mais elle le contraint et le freine dans son désir d'aller jusqu'au bout en divorçant. La mort de sa fille et le lien qu'elle confirme entre Philippe et sa femme compliquent encore la donne. Pour Philippe, divorcer, c'est tourner le dos aux valeurs de son père, qui, il le rappelle, a été un fils exemplaire ; et être un mauvais fils, c'est inacceptable. L'argument « c'est pour les enfants » est souvent avancé pour justifier le maintien d'un lien bancal ou défaillant. Quand on a soi-même souffert d'une séparation parentale, on a probablement plus de scrupules à faire vivre les mêmes souffrances à ses enfants. La culpabilité, renforcée par le fait que l'on sait, n'en est que plus forte ! Mais cela recouvre des peurs plus archaïques. Se séparer, divorcer, ce n'est pas seulement couper le lien avec une personne, c'est aussi ébranler un édifice construit à deux – les amis, la famille élargie, une maison, des habitudes – qui constitue un cocon rassurant, plein de repères familiers. Ce n'est pas si facile d'y renoncer, surtout quand la vie de couple, sans être satisfaisante, n'est pas insupportable. Et puis il y a aussi des hommes et des femmes qui, inconsciemment, ne s'autorisent pas vraiment à être heureux. Ils pensent qu'ils ne le méritent pas, ou que le bonheur est pour les autres. Parfois par loyauté vis-à-vis d'un parent qui a affiché son malheur sans relâche ! Dans tous les cas, avoir conscience de ce qui retient dans un couple insatisfaisant aide à prendre la meilleure décision. Ou en tout cas la moins mauvaise.

L'environnement social, culturel et éducatif continue à influer considérablement sur le couple. Chez Philippe, l'éducation catholique pèse tout au long de sa vie et l'empêche d'aller au bout d'une logique de séparation qui impliquerait un divorce. Il nage en pleine contradiction car il essaie de rester loyal envers l'éducation de ses parents – qui est aussi celle de la mère de ses enfants – et il ne s'engage pas complètement avec la femme qu'il aime et qui partage les mêmes valeurs que lui. Philippe est écartelé, coincé dans ses contradictions ; il souffre de faire souffrir la femme qu'il aime et de ne pas avoir la force de régler la situation. C'est la découverte de la maladie – et derrière cela, le spectre de la mort – qui lui fait prendre conscience de l'urgence qu'il y a à sortir de ce flou.

Frédéric, 40 ans, assureur, trois enfants

« Mon besoin de séduire a failli me coûter mon couple. »

J'ai toujours aimé séduire. On m'a souvent rapporté que, petit, déjà, j'arrivais à obtenir ce que je voulais de mes parents par un sourire, une blague, une pirouette... J'étais le seul garçon, arrivé longtemps après deux filles, un « enfant de vieux », comme on dit. Mon père avait une santé fragile, ma mère tentait de le soutenir sans flancher, et, pour se changer les idées, elle invitait tous les jours des amies à prendre le thé à la maison. Moi je m'étais donné comme rôle de distraire ce petit monde féminin, et j'adorais par-dessus tout les entendre rire de mes plaisanteries ! Bref, je crois que très tôt la séduction a été mon mode de fonctionnement. Avec tout le monde, et surtout avec les filles. Je les connaissais bien, et je les adorais. Entre ma mère et mes deux grandes sœurs, j'avais eu le temps d'étudier leur comportement, ce qui les émoustillait, les touchait...

Entre 15 et 30 ans, j'ai eu beaucoup d'aventures. Avec des femmes de tous les styles et de tous les âges. Pas forcément sexuelles, d'ailleurs. Aux alentours de 20 ans, j'adorais séduire les femmes de 40-45 ans, généralement mariées et qui s'ennuyaient dans leurs vies trop rangées... En fait, j'aimais faire plaisir aux femmes, et je m'arrangeais toujours pour faire en sorte qu'elles ne m'oublient jamais : une chanson que je leur passais, un film mythique qu'on avait regardé ensemble, un baiser au dernier étage de la tour Eiffel... Je devais rester inoubliable.

À 30 ans, j'ai rencontré Camille. Je l'ai séduite, comme les autres, mais elle avait ce petit truc en plus, mélange de caractère affirmé et de fragilité infinie, qui m'a fait craquer... et j'ai eu envie de l'épouser. Camille connaissait mon passé de don Juan ; elle m'a accepté comme j'étais. Au début, la vie de couple me comblait. J'étais heureux de retrouver ma femme le soir après le travail, et je faisais tout pour éviter la routine en la surprenant sans cesse par un bouquet de fleurs, un week-end surprise, une sortie à l'improviste, un petit cadeau... Et ça marchait. Nous étions bien ensemble, sans nous endormir. Émile est né, et Julie, deux ans plus tard. J'ai adoré devenir père, je me suis beaucoup occupé de mes enfants. J'aimais profondément Camille, la mère qu'elle était devenue comme la femme qu'elle restait pour moi. Mais je commençais aussi à sentir à nouveau mes vieux démons de séducteur... Dans le métro, au bureau, je posais encore sur les femmes un regard de désir. Au début, ça n'allait pas plus loin. Et puis peu à peu j'ai eu envie de plus. J'ai eu une aventure sans lendemain avec une fille du bureau, une un peu plus longue avec une amie d'enfance recroisée chez des copains. Bref, c'était reparti comme dans ma folle jeunesse... J'étais très culpabilisé par rapport à Camille, mais c'était plus fort que moi : je me sentais tellement vivant dans ces aventures...

Un soir, j'ai trouvé Camille assise sur le lit, en larmes. Une de ses amies m'avait vu au bras d'une jolie blonde. Elle était effondrée, moi aussi. Nous avons beaucoup parlé, j'ai tenté de la rassurer en lui expliquant qu'il ne s'était rien passé, que j'avais juste eu un coup de cœur auquel je n'avais pas voulu donner suite, pour elle, pour les enfants… et elle a fini par se laisser convaincre. Notre couple a été extrêmement fragilisé par cette histoire, et j'ai réalisé à quel point j'aimais Camille, et que je ne souhaitais pas renoncer à ma vie de famille. Si nous avons réussi à préserver les enfants du mieux possible, je m'en suis beaucoup voulu d'avoir tant fait souffrir Camille. La confiance a été longue à revenir. Nous sommes même allés consulter un conseiller conjugal, qui nous a aidés à reconstruire notre couple.

C'était il y a deux ans ; aujourd'hui, cette histoire est derrière nous. Nous avons décidé de repartir sur de bonnes bases. Nous avons même eu un troisième enfant, Lucas, qui nous comble de bonheur. J'espère continuer ainsi à profiter de la douceur de cette vie de famille et de Camille, qui est une femme formidable. C'est ce que j'ai de plus précieux au monde. Mais je sais que ça n'est pas gagné. Il y a un mois, une jeune assistante est arrivée au bureau, et je me sens très attiré par elle. Pour l'instant, je résiste, je lui ai à peine adressé la parole… Mais jusqu'à quand ?

*

Certains hommes, comme Frédéric, mais aussi des femmes, ne peuvent pas s'empêcher de séduire, même s'ils aiment leur conjoint. Comment expliquez-vous cela ?

La séduction a à voir avec le narcissisme : tel Narcisse, dans la mythologie grecque, certaines personnalités ont besoin de trouver, dans le regard de l'autre, le reflet de leur propre personne. Elles en tirent énormément de plaisir et de renforcement d'elles-mêmes. Cela peut rester un jeu léger et sans conséquences, mais aussi devenir un système aliénant dont on risque de devenir très dépendant. Frédéric s'est construit depuis l'enfance sur le mode de la séduction : avec ses parents, puis les amies de sa mère, sa femme, les femmes… Ce qui lui plaît, c'est la conquête. Son fonctionnement a un aspect ludique, mais il est éphémère, ce qui le pousse à répéter, à l'infini, le jeu de la séduction, pour conserver son objet de jouissance. La rencontre avec sa femme ne le comble pas au point de laisser tomber ce jeu de séduction, qui met son couple – pourtant essentiel pour lui – en péril. En fait, Frédéric est assez immature sur un plan affectif. Il est prisonnier de son besoin de séduire, dépendant : il a beau savoir qu'il risque d'y perdre beaucoup, il a du mal à se contraindre, car il a constamment besoin d'être rassuré sur sa valeur. Un peu comme le toxicomane qui sait qu'il se met en danger mais continue à consommer. Frédéric est un don Juan, sans avoir le côté pervers de certains qui, une fois qu'ils ont capturé leur proie, la malmènent avant de l'abandonner. Frédéric semble ne connaître de lui que ce pouvoir-là, et, par conséquent, il ne veut pas y renoncer. S'il cherchait bien, il trouverait certainement d'autres moyens de se valoriser – qualités intellectuelles, sentimentales, professionnelles… – qui lui permettraient de sortir de cette impasse.

Carole, 59 ans, directrice d'un bureau de style, deux enfants

« Je me suis sentie emprisonnée par la jalousie de mon mari. »

Je n'ai pas réalisé tout de suite qu'Ivan était jaloux. J'ai même mis un certain temps à en prendre vraiment conscience, et encore plus à trouver cela pénible... Je suis arrivée à Paris à 18 ans, bac en poche. J'avais passé une enfance heureuse à Montpellier, au milieu d'une famille unie et gaie. Mes parents, bien occupés l'un et l'autre par leur métier, nous laissaient libres et autonomes. J'étais la deuxième de quatre enfants, deux filles, puis deux garçons. J'étais proche de ma sœur aînée, et c'est naturellement que je l'ai rejointe à Paris, où elle faisait ses études d'architecture. Moi j'étais inscrite dans une école de stylisme. Nous partagions un petit appartement et nous nous amusions bien. En deux ans, elle s'était fait un bon groupe de copains et je me suis intégrée à eux.

Après quelques flirts, puis deux histoires plus sérieuses et plus longues, j'ai rencontré Ivan lors d'un dîner. Coup de foudre réciproque. J'avais 26 ans, lui 28. Nous commencions l'un et l'autre à travailler. À ce moment-là, ma sœur était partie à Barcelone faire un stage. Ivan s'est vite installé chez moi. C'était un garçon brillant qui avait été reçu à 21 ans à Normale sup et était agrégé de philo.

J'étais bluffée par sa culture, assez flattée qu'il se soit intéressé à moi qui évoluais dans un univers beaucoup plus superficiel ! Je crois qu'il découvrait un monde qu'il ne connaissait pas, qu'il regardait avec une certaine distance, mi-séduit, mi-critique. Il avait trois amis intimes, une fille et deux garçons, avec lesquels il avait fait ses études, mais il n'avait pas une bande de copains comme moi ! Sa famille parisienne était réduite. Fils unique de parents divorcés, je ne peux pas dire qu'elle nous encombrait beaucoup.

Nous nous sommes mariés à la veille de mes 30 ans. Je travaillais déjà pas mal. Ivan a été recruté par une banque d'affaires. Nous étions d'accord pour avoir deux enfants rapprochés car j'avais adoré la complicité avec ma sœur. Nous avons eu de la chance : Paul et Inès sont nés à juste deux ans d'intervalle. Nous sortions souvent. C'est alors qu'Ivan a montré ses premiers signes de jalousie. S'il jugeait qu'un homme s'intéressait un peu trop à moi, dans un dîner, il pouvait ne plus dire un mot de toute la soirée ou répondre par monosyllabes quand on lui posait une question ! Quand je lui en faisais la remarque au retour, il niait l'évidence. Nous nous disputions un peu, mais cela ne durait pas très longtemps car il avait toujours l'art et la manière de se sortir de la situation. À l'extérieur il me valorisait beaucoup. J'étais plus extravertie que lui, habituée depuis toujours aux maisons ouvertes, aux grandes tablées. Il était nettement plus réservé, préférant les échanges duels, les longs développements d'idées. Il détestait qu'on lui coupe la parole ; lorsque ça se produisait, il se fermait comme une huître. Cela me rendait furieuse car je trouvais qu'en plus de me gâcher une soirée qui aurait pu être agréable, il se montrait sous un jour exécrable alors que je savais qu'il pouvait être absolument charmant et intéressant. Nos amis proches trouvaient tout de même que j'avais de la chance d'avoir ce mari brillant qui était fou de moi. Cela les faisait rire, ce côté possessif avec moi...

Le temps passant, la situation ne s'est pas arrangée. Et moi je trouvais cela de moins en moins attendrissant. Dès que je m'amusais dans un dîner, qu'un type me faisait rire, Ivan faisait la gueule. En manifestant ainsi sa mauvaise humeur, il a fini par nous couper de plusieurs personnes que moi j'aimais bien. Mais impossible de le lui faire reconnaître. Il s'en fichait, content d'être débarrassé des intrus ! Nous nous disputions de plus en plus à cause de cela, je profitais de moins en moins de ces sorties entre amis que j'adorais, je commençais à me sentir étouffer... En fait, je subissais ses humeurs, le ressentiment s'installait, et aussi le sentiment d'être manipulée ! J'avais la désagréable impression que l'homme que j'aimais me volait ma liberté. Je me demandais de plus en plus souvent si j'allais pouvoir supporter cela bien longtemps. En même temps, je ne voulais pas tout casser : nous avions beaucoup de goûts en commun, des enfants en pleine forme, beaucoup d'amis. C'était difficile pour moi de me mettre à sa place, car je ne suis ni jalouse, ni possessive, ni envieuse. J'ai d'autres défauts, mais pas ceux-là.

J'ai fini par admettre qu'il ne changerait pas. Et j'ai décidé d'aller en parler à un psy, pour essayer de comprendre et d'améliorer les choses... Le psy m'a écoutée et expliqué les fragilités de ces personnalités, qui oscillent souvent entre un fort désir de reconnaissance et un manque de confiance, ce qui nourrit chez elles une grande frustration. Il m'a donné des conseils pour faire avec, puisqu'il ressortait aussi de ces séances que je n'avais pas l'intention de le quitter. J'ai compris une chose importante, je crois : dans le rapport de force qu'Ivan instaurait, il n'était pas gagnant. Peu à peu, en douceur, mais avec une grande détermination, je me suis créé des espaces de respiration. Des moments rien qu'à moi, dont je ne lui parlais pas spécialement. Les enfants ayant grandi et mes responsabilités professionnelles s'étant confirmées, j'ai conquis une indépendance qu'il n'a pas osé contrer. Très intelligent, il a senti la limite de son système. Et tant mieux, car si la situation n'avait pas évolué, notre couple, malgré ma volonté de le préserver, n'aurait pas résisté !

*

Ivan est possessif et jaloux, même si sa femme ne lui donne pas de raisons de l'être. D'où cela vient-il ?

La jalousie amoureuse est liée, le plus souvent, à un manque d'estime de soi et à un désir de posséder l'autre qui vient renforcer cette estime de soi. Il y a souvent chez les jaloux une forte rivalité par rapport aux autres, hommes ou femmes, considérés comme plus puissants, ainsi qu'une grande insécurité intérieure, liée à des traumatismes divers – incohérence dans l'amour parental, deuils, séparation, humiliation… – que les jaloux ont le sentiment de surmonter grâce à l'autre. Du coup, quand ils ont l'impression que cet autre leur échappe, ça les rend fous de rage, de désespoir. Si une expression modérée peut être le signe d'un attachement et faire sourire, la jalousie peut aussi aller très loin et, dans des situations extrêmes, révéler des tendances paranoïaques, et même aboutir au crime passionnel… La jalousie est infernale pour celui qui la subit car il est sans arrêt obligé de se justifier, même si rien dans son attitude ne prête à ambiguïté, et s'il n'est pas responsable du passé traumatique de son conjoint, etc. Il doit toujours se défendre – ce qui est épuisant – pour lutter contre le contrôle constant de l'autre, complètement asphyxiant. Il peut avoir le sentiment oppressant et insupportable de devenir la propriété de l'autre, d'être transformé en objet. En fait, le risque est qu'il se sente dépossédé de lui-même. La lutte est justifiée, car l'enjeu est de taille !

Joëlle, 62 ans, veuve, trois enfants

« Mon mari, c'était mon grand homme. »

Je n'ai vécu que pour lui, à travers lui, chaque jour, chaque nuit, pendant trente-cinq ans. Une vie entière, ma vie ! J'ai rencontré Bernard à 20 ans, je l'ai épousé à 22. Il avait huit ans de plus que moi, mais nous passions nos vacances dans le même coin de Bretagne. Nos parents se connaissaient un peu. J'ai tout de suite été conquise par son assurance, son charme, sa culture. J'étais flattée qu'il me regarde, moi la gamine, encore étudiante, alors qu'il travaillait déjà. La politique le passionnait. Il a navigué plusieurs années entre la Cour des comptes, son corps d'origine, et les cabinets ministériels, puis, un peu avant 45 ans, il a été élu dans la circonscription où on l'avait parachuté.

Moi, je n'ai pas travaillé. J'aurais été tentée par le journalisme, mais j'ai attendu très vite ma fille aînée et j'ai remis cela à plus tard. Je ne pensais pas alors que ce « plus tard » serait en réalité « jamais ». J'étais alors très amoureuse et captivée par mon homme et son énergie inépuisable. À 30 ans j'avais eu nos trois enfants. J'organisais toute la vie familiale. Le travail dans un cabinet ministériel est archiprenant. Il n'y a pas d'horaires. C'est tout le temps. Celui de député, c'est pareil, la distance en plus. Donc je faisais avec, ou plutôt sans ! Les rares soirs où nous sortions, c'était dans des soirées politico-mondaines où Bernard était comme un poisson dans l'eau. J'y avais ma place, puisque j'étais l'épouse de... Le week-end, il partait dans sa circonscription, je m'occupais des enfants et j'en profitais pour voir ma famille, surtout une de mes sœurs avec laquelle je suis encore très liée.

Les années passaient et je n'envisageais toujours pas de travailler. Je pensais que cela n'était pas compatible avec la vie que nous avions. Qui se serait occupé des enfants ? Leur père était un courant d'air, tout le temps entre deux trains ou deux avions. Il comptait sur moi au quotidien : des finances familiales à la scolarité des enfants, de l'organisation des dîners à celle des vacances, tout passait par moi. Nous avions peu de moments intimes, mais il aimait se reposer quelques semaines l'été et nous rejoindre, les enfants et moi, dans la maison que nous avons achetée en Bretagne. Il retrouvait ses racines, loin de l'effervescence parisienne. Moi je me ressourçais auprès de lui, et je faisais tout pour lui rendre la vie douce et facile. Il le reconnaissait et disait à qui voulait l'entendre : « Ma femme est parfaite ! »

Bernard aimait séduire, charmer, les hommes, les femmes – les femmes surtout ! Je n'ai jamais rien voulu connaître de ses aventures. Je fermais les yeux. Je savais qu'il en avait, bien sûr. Comme tous, dans ce milieu, peuplé de machos, qui attirent les petites jeunes qui gravitent autour d'eux, comme des guêpes autour d'un pot de miel. Ça n'empêche pas la souffrance parfois, l'énervement de passer pour une imbécile quand vous croisez certains regards. Mais il revenait toujours et nous n'en parlions jamais. Ma fille aînée en a sans doute pris plus ombrage. Elle a toujours jugé durement son père. Contrairement aux deux autres, avec qui les rapports étaient simples et détendus, elle le trouvait égoïste, égocentrique. Elle me trouvait bien bête, je crois, de l'aduler comme ça.

Une carrière politique, ce n'est pas un chemin semé de pétales de rose. Il faut avoir le cuir solide ! Grandes et petites trahisons, promesses non tenues, il en a vu de toutes les couleurs. Les campagnes électorales sont réellement éprouvantes. Physiquement et moralement. Du matin au soir et du soir au matin, cela n'arrête pas. Dans ces périodes, j'étais encore plus mobilisée autour de lui. On ne parlait que de ça, que de lui ! Élu, puis battu, puis réélu, puis de nouveau battu… Une vingtaine d'années se sont passées ainsi, entre l'excitation des succès et la déception des défaites.

Et puis il n'a plus eu l'investiture de son parti et tout s'est arrêté. Le choc a été rude. Les soutiens se font rares, les portes se ferment, le téléphone ne sonne plus. Lui qui était sollicité sans arrêt pour des interventions de toutes sortes, par des proches ou des moins proches, plus rien. Le vide. On vous fait bien sentir que vous faites partie du passé. Hasard ou pas – les médecins disent « hasard » –, Bernard est tombé malade. Un cancer qui s'est rapidement généralisé et l'a emporté en dix-huit mois. C'était il y a trois ans. J'étais démolie, en miettes. Le vide est encore immense. Je sais que j'ai construit ma vie à travers lui, que j'ai abandonné une partie de moi en me dévouant à lui. Mais sur le moment je ne me posais même pas la question. C'était comme une évidence. Je crois que je ne regrette pas, c'est comme ça. Je pense même qu'il a donné un sens à ma vie. Mais aujourd'hui qu'il n'est plus là, je ne sais pas très bien quoi faire de moi et tout me paraît fade ! Et je me dis parfois que ma vie serait sans doute plus facile, que je souffrirais moins de son absence si j'avais fait d'autres choix...

*

Joëlle semble s'être placée d'office en situation d'infériorité par rapport à son mari : « Tout pour lui, rien pour moi ! »

Si cela est plutôt rare à notre époque, ça l'était moins autrefois. Joëlle se nourrit de son « grand homme »... Elle ne vit qu'à travers lui, sa réussite, ses projets, et prend le risque de s'oublier totalement. Elle semble trouver son compte dans cette vie par procuration, jusqu'à ce que son mari décède. On voit bien le vide abyssal que laisse la disparition de son époux et sa difficulté à envisager une vie sans lui... En même temps, la réussite de son couple s'est faite à ce prix-là. Sa vie ne semble pas n'avoir été que souffrances et frustration. Elle paraît même avoir trouvé des satisfactions et s'être solidement construite en étant le pilier sur lequel son homme s'appuyait, celle vers qui il revenait toujours, son alliée indispensable dans cette vie trépidante et fatigante. Elle était aussi « l'élue », dont il ne pouvait s'éloigner vraiment.

Aux générations précédentes, il y avait beaucoup de femmes comme Joëlle, qui, si elles ne travaillaient pas, étaient à leur manière des femmes de pouvoir... Peut-être se sont-elles senties assez puissantes et investies à travers les enfants, la maison, la vie sociale, malgré leur effacement. Ces femmes n'ont pas besoin des attributs du pouvoir, de la reconnaissance extérieure, puisqu'elles savent qu'elles ont du pouvoir sur leur homme.

D'autres femmes qui vivent par procuration ont un profil plus masochiste. Elles aiment ce lien de soumission car c'est dans l'effort, le renoncement, la contrainte qu'elles se sentent vivantes. Et puis il y a celles qui ne peuvent pas faire autrement que de reproduire ce qu'elles ont vécu à travers le couple de leurs parents. Le modèle les a imprégnées et elles ne l'ont pas interrogé. Force est de constater que, pendant des dizaines d'années, le couple a fonctionné d'une manière très clivée, l'homme exerçant son pouvoir à travers le travail et l'argent, la femme à travers la maison et les enfants. Beaucoup en ont souffert, étouffées dans une situation sans issue, mais certaines y ont trouvé des bénéfices secondaires. D'autres, enfin, adoptent ce mode de relations dominant-dominé dans leur couple car ainsi elles évitent des conflits qu'elles ne se sentent pas en mesure d'affronter, en accordant à l'autre une puissance qu'elles n'ont pas et qui nourrit leur admiration, leur dévotion. Ce sont parfois des femmes-enfants qui ont du mal à se responsabiliser et supportent donc – revers de la médaille – la part de soumission que cela implique.

IV

Meilleure amie, copain d'enfance : l'amitié aussi peut enchaîner

Que nous les connaissions depuis l'enfance ou que nous les ayons rencontrés à l'âge adulte, les amis occupent une place centrale dans nos vies. Avec eux, nous partageons les joies, les confidences, les rires, les chagrins... Ils ont cette position inédite que nous leur avons donnée en les choisissant. Pourtant, parfois, avec eux aussi, on peut basculer dans une relation d'emprise.

Que représente l'amitié dans l'inconscient collectif?

Sur le plan affectif, l'amitié, c'est un peu le cadeau de la vie. La cerise sur le gâteau. Ce qui permet depuis qu'on est enfant de se créer une autre famille, choisie librement, pour apporter un surcroît de bonheur, de tendresse, de joie, d'ouverture sur le monde... et cela, dégagé des notions d'obligation, de contrainte, de devoir qui existent souvent dans la famille ou dans le couple. Sur un plan social – et même si on ne les a pas choisies consciemment pour cela –, les amitiés nous renforcent considérablement. On a tous, enfouie en nous, à des degrés divers, une certaine peur de la solitude. On redoute d'être abandonné, mis à l'écart. L'idée de se retrouver seul au monde angoisse. Cela nous ramène à notre condition humaine, qui nous fait naître dépendant et mourir seul. Si les parents puis les frères et sœurs et la famille élargie sont, au départ, suffisants pour assurer un certain bien-être, en grandissant, l'enfant va naturellement avoir besoin d'agrandir son cercle par des liens d'amitié.

Que permettent les amis dans la petite enfance ? Comment l'amitié se développe-t-elle ?

Si les affinités entre enfants peuvent se manifester tôt, l'amitié, en tant que sentiment, s'élabore en général aux alentours de 3 ans, au moment de l'entrée à l'école et de l'accès au langage. Dans les premières années de sa vie, l'enfant est centré sur ses besoins et ses proches. On le voit à la crèche, par exemple où, jusqu'à l'âge de 2-3 ans, il n'est pas dans l'échange avec les autres : il joue à côté d'eux, mais se protège de leur intrusion. Certains, quand ils se sentent envahis par les autres, réagissent en tapant ou même en mordant, pour défendre leur territoire. En grandissant, l'enfant apprend à côtoyer les autres, à prendre en compte leur présence, leurs besoins. Son langage s'étoffant, il communique mieux avec eux, se fait comprendre, et, peu à peu, son jeu devient interactif et il implique l'autre. L'enfant découvre qu'il existe d'autres personnes, en dehors du cercle familial, qui peuvent lui apporter du plaisir, de l'amusement, de la distraction et du réconfort. Ainsi, au fil des années, son univers affectif va se déplacer de plus en plus vers l'extérieur, et vers les amis. À travers ces échanges extérieurs à la famille, cette communication sociale, l'enfant apprend énormément de lui-même et des autres : la différence, la rivalité, la nécessité de partager, les moyens de se défendre face à l'agressivité. Il apprend à développer des stratégies qui vont à la fois le protéger et l'enrichir. Il se confronte à l'autre qui – contrairement aux parents – est libre de l'aimer ou de ne pas l'aimer, de l'accueillir ou de le rejeter. Et cela, loin du regard des parents, de leur protection et de leur intervention. C'est ainsi qu'il se construit. En grandissant, les enfants passent de «jouer côte à côte» à «jouer ensemble». Et peu à peu, les préférences se dessinent. En maternelle, on retrouve souvent des amitiés fortes entre garçons et filles, ce qui est une façon de déplacer les émois œdipiens très présents à cet âge. Certaines amitiés reposent sur des ressemblances (physiques ou de caractère), d'autres au contraire sur des différences (le timide est attiré par le déluré, le costaud par la petite fragile).

Très souvent, les enfants transfèrent aussi dans leurs amitiés les scénarios qui se jouent dans leur fratrie : ainsi, une petite fille dominée par sa grande sœur peut être attirée par une autre petite fille qu'elle pourra cette fois dominer, récupérant ainsi un peu du pouvoir qu'elle n'a pas à la maison ; un autre enfant, très attaché à un frère, pourra trouver, en créant des liens d'amitié avec des camarades de l'école, le moyen de se détacher de lui. L'enfant unique, quant à lui, va apprendre énormément au contact de ses camarades. Il va se découvrir à travers d'autres regards que celui de ses parents, apprendre où se situent ses limites, ce qu'il n'a pas expérimenté avec des frères et sœurs. Les jeux de pouvoir commencent tôt…

L'une des grandes inquiétudes des parents est que leur enfant n'ait pas d'amis. Entendez-vous souvent cela ?

Oh oui ! À l'heure actuelle, il faut être performant partout, même dans sa vie amicale. La cour de récréation se divise en deux camps : celui des «populaires» et celui des «bolos». De nombreux parents souhaitent que leur enfant soit le leader, le chef de bande, l'incontournable… avec l'idée que, cette place, il la gardera toute sa vie, fera de bonnes études, aura un bon boulot. En réalité, ce sont leurs angoisses qu'ils projettent sur leur enfant, et cela peut être lourd à porter. En effet, l'enfant peut avoir l'impression de décevoir ses parents s'il n'est pas «populaire» ou s'il est peu considéré par les autres. D'ailleurs, souvent, un enfant qui est pris comme cible des moqueries ou des méchancetés n'en parle pas tout de suite à ses parents, car il a honte. Plutôt que de stigmatiser son attitude réservée, il vaut mieux le rassurer, le valoriser sur d'autres qualités et lui prouver que les différences sont sources de richesse. Tout le monde n'est pas extraverti ; certains parlent beaucoup, aiment être entourés en permanence. D'autres moins. Ce n'est pas un drame. En tant qu'adultes, nous savons bien que ces «grandes gueules» sont parfois pénibles et qu'elles cachent, derrière cette attitude, des fragilités.

En primaire, les amitiés évoluent : les filles d'un côté, les garçons de l'autre. À cet âge, l'amitié est-elle différente selon le sexe ?

Oui, l'amitié entre les filles et l'amitié entre les garçons sont très différentes. Les garçons sont beaucoup plus dans l'action (bouger, jouer, courir, grimper, se bagarrer). C'est un moyen pour eux d'être en communication, de se comparer, de s'évaluer. Ils sont davantage dans des relations de groupes, des bandes de copains, ont moins l'envie d'une amitié exclusive. Ils ont d'ailleurs souvent deux ou trois «meilleurs amis». Les filles se mesurent et se comparent aussi, mais à travers l'échange verbal et la confrontation d'idées, ce qui est aussi une forme de bagarre.

Vous voulez dire que les petites filles sont toutes des chipies ?

Entre 8 et 12 ans, les filles entre elles passent par une période délicate de disputes, de clans, de mises à l'écart... Ces situations sont souvent compliquées, parfois très douloureuses. Mais c'est leur moyen de se confronter, de s'évaluer – comme le font les garçons à travers les jeux, les sports d'équipe, parfois des bagarres – et de voir qui saura tirer son épingle du jeu. Une ou plusieurs personnalités dominantes émergent souvent, qui vont régner sur la cour, tandis que leurs « favorites » seront, selon les moments, plus ou moins acceptées ou rejetées.

Comment la vision de l'amitié évolue-t-elle à l'adolescence ?

Plus on avance vers l'adolescence, plus l'amitié devient cruciale. L'adolescent doit s'éloigner de son cercle familial pour se construire une nouvelle identité. Il le fait avec plus ou moins d'ambivalence mais toujours un peu d'anxiété, et c'est auprès de ses amis qu'il va chercher le réconfort dont il a besoin pour passer cette étape délicate. C'est l'époque des amitiés quasi passionnelles, surtout chez les filles : « l'élue », « la meilleure amie » est le reflet de soi ou de ce que l'on voudrait être. C'est un moment délicat où une emprise sur l'autre peut se mettre en place, d'autant que l'ami(e) est souvent auréolé(e) d'un environnement familial, social, amical qui rejoint un idéal. Ce peut être des parents plus cool, plus aisés, un père valorisant, une mère très jolie... À ce moment de l'adolescence où l'image de soi est fragile, ces renforcements narcissiques donnent l'idée qu'on est à la hauteur. L'enjeu est donc de taille mais peut déboucher sur des excès. Fascination, possession, rejet, exclusion... risquent de menacer la qualité de ce lien amical.

La « meilleure amie » est-elle plus importante pour les filles ?

Pas sûr, mais peut-être en parlent-elles davantage. Pour beaucoup, la meilleure amie a une place capitale, est le lien essentiel, « plus fort que tout ». En cas d'événement grave – maladie d'un parent, chômage, climat familial tendu, conflit avec un frère ou une sœur, etc. –, ce sera avec sa meilleure amie que l'adolescente partagera ses soucis, sous le sceau du secret. C'est un formidable recours qui aide à mieux supporter les moments difficiles. Ce choix, comme le choix amoureux, ne se fait pas par hasard. Quand l'amie choisie lui ressemble, l'adolescente est alors dans une relation en miroir, permettant un étayage narcissique, un renforcement de l'image de soi : les voilà qui échangent leurs vêtements, adoptent le même look, lisent les mêmes livres, aiment les mêmes films et les mêmes musiques, ont les mêmes idoles... C'est la fusion. Quand l'amie est au contraire très différente, cette complémentarité les enrichit, chacune étant fascinée chez l'autre par les qualités qu'elle-même ne possède pas. Cela vaut aussi pour les garçons, qui peuvent également être attachés à un meilleur ami avec qui ils partagent tout ou presque. Dans tous les cas, le ou la meilleur(e) ami(e) est le soutien indispensable qui permet de traverser avec plus de douceur les inévitables difficultés de l'adolescence, dont les premières histoires d'amour.

Mais il peut y avoir de la dépendance, comme dans certains des témoignages qui suivent ?

Oui. L'adolescence est l'âge de tous les excès et les liens

d'amitié n'en sont pas exclus. Plus l'adolescent manque de confiance en lui, plus il risque d'être fasciné par l'aisance de l'autre. Il le met sur un piédestal, en fait son idéal et n'imagine pas la vie sans lui. Il y a donc une vraie dépendance, qui alourdit considérablement le lien : l'autre peut se sentir oppressé par cette attente surdimensionnée, ou profiter de son pouvoir pour manipuler l'adolescent. À l'âge adulte, des hommes et des femmes continuent à connaître ces excès et à subir des amitiés toxiques, comme nous en aurons des exemples.

Entendez-vous souvent, dans votre cabinet, des personnes fragilisées par des « chagrins d'amitié » ?

Celles et ceux qui viennent me voir évoquent très souvent leurs relations amicales, car elles occupent une place importante dans leur vie, au même titre que leurs relations avec leur conjoint, leurs parents, leurs enfants. Et quand ils sont blessés ou déçus dans leurs amitiés, cela peut être parfois aussi douloureux qu'un chagrin d'amour, avec des symptômes qui peuvent être similaires. Comme le chagrin d'amour, le chagrin d'amitié renvoie à son incapacité à entretenir des liens positifs, à une image dévalorisée de soi-même… D'autant que le lien amical est, dans l'inconscient collectif, un lien totalement gratuit, censé apporter de la joie, du plaisir, de la complicité, et ce, dans une relation d'égal à égal. Le sentiment d'avoir été trompé est par conséquent douloureux. S'ajoute l'impression d'être incapable d'avoir un bon jugement sur l'autre et de se faire respecter. Comme en amour, l'ami peut devenir un ennemi, et cela peut entraîner de vraies souffrances, de vraies remises en question. Les personnalités plus vulnérables le vivent comme un traumatisme, voire un cataclysme. Et si ces chagrins d'amitié sont aussi douloureux, c'est sans doute parce qu'il est moins facile d'en parler que d'un chagrin d'amour, dont la souffrance va sembler plus évidente aux autres. Si tout le monde comprend un chagrin d'amour, une déception amicale qui fait souffrir est plus difficile à partager, comme si, l'amitié étant libre de tout engagement, on ne pouvait guère s'en plaindre.

Les amitiés nouées à l'âge adulte sont-elles différentes de celles nouées à l'adolescence ou dans l'enfance ?

Oui, mais pas moins fortes. Devenus adultes, certains laissent la priorité aux liens noués dans l'enfance, les entretenant avec un bonheur nostalgique. D'autres, intéressés surtout par ce qu'ils vivent dans le présent, leur trouvent moins d'intérêt et cultivent des amitiés plus récentes qui les comblent davantage. Si les amis d'enfance peuvent être réconfortants grâce à tous les souvenirs partagés, ils peuvent aussi – comme les parents ou les frères et sœurs – nous renvoyer une image de nous obsolète qui n'aide pas à avancer et à devenir soi (« la bouboule », « le timide », « le looser »). On peut avoir la chance de rencontrer tout au long de la vie, quel que soit notre âge, des personnalités avec qui on va formidablement s'accorder et qui vont devenir des amis tout aussi précieux.

Les liens d'amitié n'ont pas tous le même visage ou la même fonction. Il y a les confidents – certains en ont un, d'autres trois ou quatre, rarement plus – que l'on voit souvent seuls ou en très petit comité, et les copains – que l'on retrouve à plusieurs, pour passer des moments festifs, et avec lesquels on peut partager beaucoup. Amis d'enfance, de la maturité, confidents, copains… il faut se garder de hiérarchiser ces différentes amitiés. Elles apportent chacune des satisfactions différentes.

Mais à l'heure où se développent des amitiés virtuelles, y a-t-il encore une place pour l'amitié avec un grand A ?

Oui, et peut-être plus que jamais dans une société qui bouge et évolue tellement vite ! Elle reste un repère essentiel, rassurant et réjouissant. L'amitié élargit notre champ d'horizon et, dès l'enfance, nous fait découvrir que l'on peut être dans un échange sincère avec des personnes que nous avons choisies et qui ne sont pas de notre famille. Ces liens sont forts et puissants car ils sont dégagés de l'incertitude qui pèse souvent sur les liens amoureux. Avec un ami, inutile de se masquer : il nous prend comme on est, nous aime pour ce que l'on est ! Mais il ne faut pas non plus rêver l'amitié et en faire un lien figé et immuable. Comme tous les liens affectifs, l'amitié n'est pas indemne d'ambivalence et surtout de projections. Ces dernières peuvent l'assombrir et la transformer en un lien aliénant. Notre évolution ne s'accorde pas forcément avec celle de certains de nos amis. Les événements de notre vie, les rencontres et surtout la rencontre amoureuse peuvent nous faire prendre conscience que l'amitié qui nous liait à un autre ne fonctionne plus que dans un sens, qu'elle nous pèse ou nous enferme. Il faut donc, comme dans le couple, interroger ce lien, rester en éveil, afin de le conserver comme un lien libre, gratuit, vivant, riche et réconfortant, ou, si tel n'est plus le cas, de pouvoir le faire évoluer ou de s'en dégager.

Zoé, 25 ans, sage-femme, célibataire

« Fascinée, je me suis laissé manipuler. »

C'était l'année de mes 13 ans. En plein début d'adolescence. Mais, par rapport à certaines de mes copines, je n'étais pas très en avance. Quand je regarde des photos de cette époque, j'ai un visage encore enfantin. Pas une allure de jeune fille, mais quand même on voit que je ne suis plus un bébé. Ma mère m'habillait à la mode, jean, tee-shirt, baskets... Rien de provocant mais rien de ringard non plus. À l'époque, mon frère avait 16 ans, ma sœur 11 ans. Nous vivions dans une famille unie, avec des parents attentifs qui fixaient fermement les limites qu'ils jugeaient raisonnables.

Dès le début de l'année, ça a commencé à déraper. Je travaillais moins, ne pensais qu'à me faire des amies, à être populaire. En fait, j'étais fascinée par Valentine. Grande, fine, blonde : à mes yeux elle était parfaite ! C'était la fille la plus populaire de toutes les quatrièmes. Je la connaissais depuis le primaire, mais en un été elle était passée de la petite fille, comme moi, à cette adolescente délurée ! Elle fumait des clopes, passait son temps avec les garçons, se fichait des règles et avait bien l'intention de brûler les étapes. J'étais obsédée par l'idée qu'il ne fallait surtout pas qu'elle me laisse tomber. Donc je la suivais et depuis qu'elle m'avait dit que j'étais sa « meilleure amie », je faisais tout ce qu'elle voulait. Sa mère était très cool, pas souvent là, elle était donc beaucoup plus libre que moi !

J'ai commencé à mentir à mes parents. Mais ils ont rapidement trouvé ça bizarre et se sont inquiétés. On est entrés dans une spirale infernale : ils n'avaient plus confiance, donc ils resserraient la vis, et plus ils la resserraient, plus je faisais des bêtises ! La dernière m'a conduite à l'hôpital : alors que je devais être chez moi pendant que mes parents étaient sortis dîner, je suis partie chez Valentine et on a bu de la vodka. Mes parents m'ont récupérée aux urgences. L'alcool m'avait rendue malade, Valentine avait pris peur et appelé les pompiers. Je m'en souviens comme si c'était hier. J'étais très embêtée que mes parents s'inquiètent, mais je trouvais qu'ils exagéraient. Ils ne voulaient plus que j'aille chez Valentine. Pour moi, c'était la fin du monde car ma priorité absolue, à ce moment-là, c'était elle. Je ne voulais surtout pas perdre son amitié car je pensais que si je la perdais, tout le monde me tournerait le dos. J'étais si mal que mes parents m'ont emmenée chez une psychologue. Elle a vite compris que ma détresse était réelle. J'étais plus enfant qu'elle, je vivais dans un cadre plus protecteur, et j'avais peur d'être prise pour une imbécile. Pire, un bébé !

Cette Valentine que j'adulais était une vraie chipie. Elle se rendait bien compte de l'emprise qu'elle avait sur moi et s'en amusait à mes dépens ! Elle était contente que je me dispute avec mes parents, attisait même le feu en me disant qu'ils me surveillaient trop. Ses parents à elle, en plein divorce, n'étaient pas beaucoup là. Elle allait un peu chez l'un, un peu chez l'autre. Peu à peu, j'ai compris que Valentine, qui me fascinait tant, n'était pas que gentille.

J'ai mis beaucoup plus de temps à trouver pourquoi j'avais tant de mal à lui résister : elle représentait l'idéal de la fille affranchie que je n'étais pas, et j'avais besoin de me raccrocher à ce modèle. Avec le recul et les années, je crois que cette histoire m'a vaccinée : je ne me suis plus jamais remise dans des relations de soumission et je reste vigilante !

*

L'histoire de Zoé et Valentine illustre bien la complexité du lien amical à l'adolescence. Quels bénéfices secondaires tirent-elles de cette situation ?

Zoé trouve en Valentine la fille qu'elle rêverait d'être – grande, belle, délurée, libre – et tombe sous son emprise. Enfant protégée et pas particulièrement précoce, ni physiquement ni affectivement, elle est impatiente de quitter l'enfance et craint de ne pas y arriver tant son milieu familial est confortable. Valentine, au contraire, est physiquement et affectivement déjà une adolescente exposée à la réalité de la vie par les difficultés de ses parents. Elle en souffre, certainement, mais compense en malmenant durement son amie Zoé qui lui renvoie l'image de l'enfance protégée qu'elle regrette sans se l'avouer. Valentine représente, pour Zoé, la possibilité de transgresser les interdits familiaux et de s'affranchir de la tutelle parentale, quitte à se mettre en danger. En étant amie avec Valentine, la populaire, elle récupère un peu de son aura et cela la rassure sur son appartenance au groupe, si important à l'adolescence. Zoé se trouve trop petite, trop enfant : l'amitié de Valentine lui donne l'illusion d'être dans la cour des grands ! À la fin de son témoignage, Zoé se dit « vaccinée » : les amitiés de l'enfance et de l'adolescence sont aussi l'occasion de mieux se connaître, de se frotter à l'autre et de tirer des leçons de ses erreurs. Comme les amours adolescentes, elles peuvent permettre de construire, à l'âge adulte, des amitiés plus saines, plus matures, sans emprise.

Laurence, 51 ans, commerciale,
divorcée, deux enfants

« J'ai renoncé à faire partie d'une bande. »

Elle n'était pas franchement jolie, mais il se dégageait d'elle une belle assurance et du charisme. Souriante, parlant bien, elle avait une certaine autorité : le genre de femme qui sait ce qu'elle fait et où elle va. Avec son mari ils étaient l'exemple du couple à qui tout réussit : trois enfants, bons jobs, des relations professionnelles et beaucoup d'amis. Je les ai connus par une amie commune, qui faisait beaucoup de choses avec eux – avec elle, surtout, dont elle admirait l'intelligence, le sens de l'organisation, la réussite. Divorcée depuis un an, j'avais été obligée de faire le tri dans mes amis, j'étais donc contente de voir de nouvelles têtes.

Valérie a tout de suite été très chaleureuse avec moi et j'ai eu rapidement l'impression que l'on se connaissait depuis longtemps. Le contact a été si bon que je n'ai pas été tellement surprise qu'elle me rappelle quelques jours plus tard pour m'inviter à un week-end qu'elle organisait avec des copines. Nous nous sommes retrouvées à huit filles, dans sa maison pas très loin de Paris. Il y avait Estelle, qui nous avait présentées, et cinq autres amies de Valérie très sympas. Un week-end sans hommes, puisque le sien était en déplacement. Moi cela ne me dérangeait pas puisque ma vie sentimentale, alors, était proche du néant. À part une autre célibataire, les autres étaient en couple mais se réjouissaient de ce célibat d'un jour. J'étais frappée par l'ascendant de Valérie sur elles. Toutes semblaient fascinées par le moindre de ses propos ou de ses comportements. Moi, la nouvelle de la bande, je suis restée légèrement en retrait, mais j'ai passé un bon moment. Le lendemain, je l'ai appelée pour la remercier. Elle m'a dit qu'elle avait des places pour une exposition, mais j'ai décliné son offre car je n'étais pas à Paris.

Les semaines ont passé sans que je ne me soucie plus de Valérie, occupée par mon travail et mes enfants. Et puis Valérie a refait surface en me proposant de partager un réveillon. J'ai tout de suite accepté car, depuis mon divorce, je détestais les fêtes de fin d'année, synonymes de retrouvailles familiales, qui ne m'enchantaient guère. Il y avait le même groupe d'amis, plus quelques autres. Valérie avait organisé une soirée raffinée, chacun, et surtout chacune, la congratulait, lui disait combien elle était merveilleuse. Je lisais presque de la dévotion dans le regard de certaines de ses amies, mais moi aussi je participais au chœur des louanges, qu'elle recevait avec plaisir, rayonnant sur son monde. À partir de ce réveillon, nous nous sommes vues régulièrement, chez elle, chez moi, chez ses amies qui étaient devenues les miennes. Valérie dominait toujours la situation. Son avis était précieux pour toutes, ses jugements écoutés, parfois redoutés. Elle avait un très fort ascendant sur ce groupe très soudé autour d'elle.

Et puis j'ai rencontré Xavier, avec qui je vis aujourd'hui. Divorcé lui aussi, il travaillait à Lyon. Nous nous déplacions à tour de rôle, en fonction de notre emploi du temps. Les journées passaient comme l'éclair tant elles étaient remplies, et tant j'étais heureuse de ce nouvel amour, à l'aube de la cinquantaine. Valérie me faisait signe souvent, me proposait des week-ends ou des dîners, mais, entre Xavier, les enfants, le boulot, j'étais très prise. Et quand je ne faisais rien, je n'avais envie que d'une chose, c'était de rester tranquille chez moi avec mes bouquins ou ma télé !

Estelle, que j'avais souvent au téléphone, me donnait des nouvelles de ses amies. C'est chez elle que j'ai retrouvé Valérie, après plusieurs mois de silence. J'ai tout de suite senti qu'elle était distante, moins chaleureuse. Toujours très volubile avec les autres, elle s'adressait peu à moi. Je lui ai raconté ma rencontre avec Xavier, mais elle habituellement si curieuse et enthousiaste, m'a laissée un peu sur ma faim. J'en fis la remarque à Estelle : « Normal, tu fais bande à part ! » Et là, j'ai compris que Valérie, telle la reine dans une ruche, régnait sur son petit monde, et ne supportait pas qu'on lui échappe. Elle exigeait, implicitement, un attachement inconditionnel et elle l'obtenait, le plus souvent. J'avais pris des libertés, je n'étais plus sur la liste de ses favorites. Cette logique de « groupie » ne me convenait pas. Je l'aurais bien vue une fois ou l'autre, car je ne la détestais pas, mais je me suis rendu compte qu'avec Valérie, c'était tout ou rien ! Alors ça a été rien ! J'ai de ses nouvelles par Estelle que je vois de temps en temps, qui continue à butiner autour d'elle, et qui s'en porte très bien... Moi, j'ai trop besoin de liberté !

*

Les rapports de pouvoir peuvent persister dans l'amitié adulte...

Certaines personnalités ont besoin d'exercer un pouvoir partout et toujours. Tel semble être le cas de Valérie qui a une réelle emprise sur ses amies et ne conçoit l'amitié que sur ce mode – même si cette emprise semble faite de bonnes intentions. Elle veut régner sur sa cour, un peu comme les filles à l'adolescence. Elle donne beaucoup, reçoit, organise, se montre généreuse, mais cela n'est pas gratuit : en échange, elle attend quelque chose qui ressemble à de la dévotion ou de la soumission. Elle place l'autre sous sa dépendance, ce que Laurence n'envisage pas dans ses rapports amicaux. Du coup, comme elle ne respecte pas les règles de ce jeu, elle est rejetée. Laurence ne le vit pas mal car elle est suffisamment structurée et commence une nouvelle histoire d'amour. Mais pour d'autres, ce rejet, comme celui des cours de récréation, peut être vécu comme un abandon douloureux qui renvoie, comme dans la rupture amoureuse, à des séparations très archaïques. Valérie, elle aussi, est soumise à une forme de dépendance, dépendance narcissique, car elle semble avoir un réel besoin de l'attention que les autres lui portent et du pouvoir qu'elle exerce sur elles. Elle tire sans doute sa force de cet ascendant qu'elle exerce. On ne connaît pas son histoire personnelle mais on peut supposer que cela cache quelques faiblesses ! Quand l'attention se détourne ou faiblit, elle ne le supporte pas et rejette l'autre.

Élisabeth, 42 ans, mariée, éditrice, deux enfants

« J'ai arrêté de jouer la psy. »

J'ai toujours eu beaucoup d'amies, avec lesquelles j'ai toujours adoré parler. Non pas bavasser de la pluie ou du beau temps ni faire des ragots de comptoir, mais parler en profondeur, en toute confiance, en toute intimité. J'étais la bonne copine solide, qui pouvait tout entendre, tout encaisser. J'avais un petit côté mère Teresa. Quand j'étais célibataire – et je l'ai été longtemps ! –, mes amies savaient qu'elles pouvaient m'appeler à n'importe quelle heure du jour ou de la nuit : je serais là, fidèle au poste, à écouter leurs problèmes de couple, de boulot, de parents avec bienveillance. J'essayais même de les aider à les résoudre, avec beaucoup d'empathie et de patience. J'avais l'impression que c'était normal. Mais ça devait me valoriser de pouvoir leur remonter le moral…

Quand je me suis mise en couple, les choses se sont tassées d'elles-mêmes. Mes amies ne m'appelaient plus en pleine nuit, mais je jouais encore mon rôle de « SOS psy », comme disait l'une d'elles en riant, lors d'interminables déjeuners ou dîners en tête à tête. Mon mari s'en amusait. Je n'avais jamais travaillé sur moi ni fait d'études de psychologie, mais ça me passionnait.

Il y a cinq ans, suite à une crise conjugale, j'ai débuté une analyse pour essayer d'y voir plus clair. Je savais qu'un jour ou l'autre j'y passerais car, moi aussi, mes valises étaient chargées – le temps était venu de les ouvrir. Ça m'a tellement bouleversée – la découverte de l'inconscient, les rêves, les actes manqués... –, que je n'ai pas pu m'empêcher de « psychanalyser » mes amies. Charlotte, ma meilleure amie, venait de perdre son père : je me suis fixé comme mission de l'aider à faire son deuil. Sans m'en rendre compte, je me suis mise à lui infliger de l'analyse sauvage dans ses moindres gestes ou paroles. Je jouais à la psy, d'autant plus convaincue d'être dans le vrai que j'allais moi-même m'allonger, deux fois par semaine, sur le divan. Je lui demandais de noter ses rêves, puis de me les restituer, et je l'aidais à les interpréter. Je sélectionnais des lectures pour elle, des films aussi, et l'inondais d'articles que j'avais cherchés dans des revues ou sur des sites psy... Nous nous parlions tous les jours par téléphone et nous envoyions des dizaines de textos. Cela a duré presque un an. Ça semblait lui faire du bien. Quant à moi, si j'étais, sur le principe, contente de l'aider, je ressentais, après chaque moment passé avec elle – des dîners généralement, qui pouvaient durer jusque tard dans la nuit une grande fatigue, comme si j'étais vidée. Souvent, j'avais besoin de m'isoler le lendemain, pour me recentrer sur moi-même. C'est Gilles, mon mari, qui me l'a fait réaliser un jour en me disant : « Ça va pas, toi, ça ne te réussit pas trop les dîners entre copines. » J'ai protesté, tout en sachant qu'il avait un peu raison. En fait je donnais trop, et je me perdais. C'était la première sonnette d'alarme.

La seconde a retenti quelques semaines après. J'étais en pleine phase de « tuer la mère » dans ma thérapie, et voulais en faire profiter Charlotte. Je la poussais à ne pas se rendre au dîner que sa mère avait organisé, sans lui demander son avis, le soir de l'anniversaire de la mort de son père. Je me rappelle lui avoir fourni toute une ribambelle d'arguments en béton, de « Il ne faut jamais céder au chantage » à « Reste dans ton désir » en passant par « Ne confonds pas le deuil de ta mère et le tien ! ». Bref, j'y avais mis toute mon âme. Alors quand j'ai appris le lendemain que, malgré cela, Charlotte était allée au dîner, j'étais folle de rage. Mais derrière cette colère, j'étais en réalité blessée, humiliée, je me sentais trahie, parce que mon amie n'avait pas suivi mes conseils... Je m'étais tellement impliquée ! Finalement, à vouloir « aider » soi-disant Charlotte, j'avais fait d'elle l'objet de mon fantasme et je l'avais aliénée. Cela a été une bonne leçon pour moi. Après quelques mois sans nous voir, nous avons renoué, mais sur des bases plus saines. Désormais, que ce soit avec elle ou avec d'autres, je prends garde à ne plus retomber dans ce piège de « l'amie psy ». Quand une de mes amies va vraiment mal, je lui donne le numéro d'une psy, pour qu'elle aille régler ses problèmes. Et finalement c'est pas mal. Ça rend l'amitié plus légère. Et la légèreté, c'est précieux !

*

L'amitié exclusive est propice aux confidences, mais jouer les psy n'est pas forcément une bonne idée, comme on le voit dans ce témoignage. Pourquoi ?

Recevoir les confidences d'un ami est toujours valorisant : on se sent l'oreille privilégiée, la personne de confiance qui sait et apporte des solutions. L'amitié est aussi faite pour cela. On confie parfois à un ami ou une amie proche des choses dont on n'a pas envie de parler en famille ni même en couple. On attend du réconfort et souvent des conseils, en tous les cas un avis. C'est une marque de confiance qui fait toujours plaisir et confirme la nature intime du lien. Néanmoins il convient d'être prudent, de ne pas se mettre dans un rôle qui n'est pas le sien. Il faut se méfier du sentiment de toute-puissance qu'entraîne l'idée d'être l'interlocuteur privilégié qui a réponse à tout ! Élisabeth, en début de thérapie, devient la confidente de son amie Charlotte, mais avec l'enthousiasme et la naïveté du débutant, elle croit que cela lui donne une légitimité pour tout entendre et tout comprendre ! Or être psychologue ou psychanalyste ne s'improvise pas. C'est une fonction qui nécessite des connaissances et une formation. Le psy sait qu'il va devoir affronter des mouvements transférentiels et contre-transférentiels qui vont faire progresser le patient. Il sait aussi qu'il n'est qu'un support qui va permettre au patient de revisiter les personnages de son histoire. Cette écoute n'a donc rien à voir avec une écoute amicale : elle reste neutre et extérieure, pour mieux accompagner le patient. Le rythme des séances et leur coût sont aussi là pour confirmer qu'il ne s'agit pas d'une relation affective. Une fois qu'on a payé, on a acquitté sa dette envers son thérapeute. On ne lui doit plus rien. On est loin d'une relation amicale.

Il est fréquent que des patients en début de thérapie tombent dans le même travers qu'Élisabeth. Souvent, le travail thérapeutique absorbe, quand on le commence. Le contexte de souffrance ou de grand questionnement, le rythme des séances et les mouvements de transfert accaparent. Dans un premier temps, le psy apparaît comme un personnage puissant qui détient la vérité. On est si soulagé de se sentir compris qu'on est tenté de faire profiter ses proches d'une même compréhension. Or c'est une attitude qui joue des tours à « l'ami analysant » comme à « l'ami analysé ». S'il y a des liens qui ligotent, ce sont bien ceux-là, puisqu'ils créent une dépendance mutuelle. Au départ, Charlotte est très dépendante du soutien d'Élisabeth, qu'elle sollicite à longueur de temps. Élisabeth plonge la tête la première dans cette demande. Elle lui donne sans compter et, contrairement au psy, ne prend aucun recul sur l'histoire. Résultat : elle se sent « vidée » après leurs conversations et prend très mal qu'un tel investissement de temps soit vain quand son amie ne suit pas ses conseils. On est loin d'un partage amical libre et équilibré.

Marine, 32 ans, orthophoniste, mariée, deux enfants

« Je n'ai pas fait le deuil de ma meilleure amie. »

La première fois que j'ai vu Clara, c'était dans le bus qui nous conduisait au collège. On était en sixième, mais pas dans la même classe. J'avais un an d'avance, et comme elle était du début de l'année et moi de la fin, ça nous faisait dix-huit mois d'écart. J'avais donc 10 ans, et elle, 11 ans et demi. À cet âge-là, la différence est énorme ! Je la trouvais cool : toujours assise au fond du bus, avec son jean, ses Clarks, ses gros pulls, le pied négligemment posé sur le fauteuil de devant... Moi, j'étais encore une petite fille, habillée par mes parents, avec mes cols ronds et mes rondeurs. J'étais beaucoup moins bien dans ma peau qu'elle. Beaucoup moins affirmée.

Quand on s'est retrouvées dans la même classe en quatrième, on s'est tout de suite prises d'affection l'une pour l'autre. J'aimais sa sensibilité, son côté romantique, sa manière de parler de tout, même de sujets parfois graves comme la mort, sa façon d'être dans la confidence, son rire qui venait du fond de la gorge. Elle lisait des livres de grands, regardait des films d'auteurs... Elle avait une vraie personnalité pour son âge ! Et puis, elle connaissait tout le monde, la bande des mecs un peu mignons, elle avait d'autres amis, des grandes sœurs, des parents qui la laissaient libre. Moi, il n'y avait qu'elle qui m'intéressait. Le soir, je l'attendais toujours. Parfois, elle discutait avec d'autres et je laissais passer plusieurs bus. Quand elle arrivait enfin, je n'étais pas très contente mais elle me prenait dans ses bras et me disait : « Je t'adore ! », et, en une seconde, je lui pardonnais tout !

Elle venait en vacances chez moi l'été. Quand on était séparées, elle m'écrivait des lettres de cinq pages décrivant toutes ses impressions en détail. J'allais souvent dormir chez elle le week-end. Elle avait le droit de sortir, d'inviter des copains à dîner comme ses grandes sœurs, elle appelait sa mère par son prénom, elle la tutoyait... Moi, j'étais l'aînée et mes parents étaient tellement stricts à côté !

Et puis, un samedi soir, au début de l'année de terminale, on devait se retrouver à une soirée et elle n'est jamais arrivée. Elle a eu un accident de mobylette sur le chemin et a été tuée sur le coup. Je ne tiens pas à revenir sur les circonstances dramatiques de l'accident, ni sur le traumatisme supplémentaire que cela a engendré, mais ça a été très très dur...

L'année qui a suivi, j'ai pleuré tous les soirs, pendant des heures, enfermée dans ma chambre. J'avais perdu mon âme sœur, la seule qui me comprenait vraiment, l'unique personne à laquelle je me confiais. Je me suis mise à bouffer et j'ai pris dix kilos. Et j'ai perdu mes cheveux par poignées. Je ne parlais pas de mon chagrin, de mon mal-être avec mes parents, ni trop avec ma bande de copains, d'ailleurs. J'avais l'impression d'être tellement plus malheureuse qu'eux... Avec du recul, je me rends compte que j'ai fait une dépression, qui a duré quatre ans, jusqu'à ce que je tombe amoureuse de mon mari. Grâce à son regard, son attention, son amour, il m'a permis de devenir une femme. Je n'ose pas imaginer ce que je serais devenue si j'étais tombée sur un mec qui m'avait brisé le cœur... J'étais encore si fragile !

Aujourd'hui, nous avons une vie agréable, et beaucoup d'amis, que nous voyons surtout en bande. J'ai eu, pendant toutes ces années, d'autres amitiés qui se sont créées. Mais jamais comparables à celle que j'ai connue avec Clara. Ces moments de tendresse, cette immense affection, cette douce intimité, le fait de se sentir si proches... je n'ai jamais retrouvé ça chez personne, si ce n'est mon mari. J'y ai cru, parfois, mais quelque chose finissait par arriver – une déception, une réflexion déplacée, une maladresse – qui me faisait comprendre que ce ne serait jamais pareil. Récemment, j'ai réalisé qu'avec la mort, la période de l'adolescence, les années qui passent, ma vision de l'amitié avait certainement été idéalisée, que quelque chose s'était sans doute figé, ne laissant pas de place pour une nouvelle vraie amie. En fait, je me rends compte que je suis un peu prisonnière de cette amitié idyllique. Et en même temps, je sais que j'ai eu la chance de la vivre. Quand je regarde les autres, et leurs relations amicales, je trouve souvent qu'ils se contentent de peu. Paradoxalement, cette expérience difficile m'a fait aimer la vie et m'a donné envie d'en profiter. J'ai su, plus tôt que d'autres, qu'elle pouvait être courte...

*

Le lien entre Marine et Clara est très fusionnel, presque autant qu'un lien amoureux...

Effectivement, comme dans beaucoup d'histoires de « meilleures amies » à l'adolescence, elles ne font qu'une.

Marine trouve en elle une sorte de double qui la fascine. Elle parle elle-même de son « âme sœur ». Gaieté, légèreté, assurance, famille moins traditionnelle : Clara a tout ce qu'elle rêverait d'avoir. Cela ne les met pas pour autant dans une relation de concurrence, car l'une et l'autre semblent se respecter dans leurs différences et s'enrichir mutuellement. Seulement voilà : la mort prive brusquement Marine de cette moitié d'elle-même. En pleine construction adolescente, alors que cette amie la renforçait dans sa capacité à sortir de l'enfance, elle est meurtrie, amputée, inconsolable. Comme si elle avait perdu son amoureux, elle perd le sommeil, prend du poids, perd ses cheveux, se replie sur elle-même : tous les symptômes d'une dépression, que l'on peut retrouver dans un chagrin d'amour et dans le deuil. Cette amitié était certainement très forte, ce deuil précoce l'a figée, et Marine a gardé en elle la vision d'une amie idéale, inégalée et inégalable. Cette image, qui est comme « encryptée », l'empêche de retrouver une amie intime car, à côté de ce fantôme de l'enfance, tout lui paraît fade. Sans doute craint-elle aussi, inconsciemment, de trahir son amie disparue.

Laure, 55 ans, professeur de lettres, mariée, deux enfants

« Mon amie faisait tout comme moi. »

Florence et moi, nous étions camarades de classe depuis le début du collège. Mais pas vraiment amies. C'est en troisième que nous nous sommes rapprochées et que nous sommes même devenues « meilleures amies ». Pourtant, on ne pouvait pas être plus différentes. Elle, petite, brune, yeux noisette, le regard pétillant, super-rigolote en privé mais timide dès qu'il y avait du monde. Moi, grande, blonde, sérieuse et souffrant un peu de mon côté froid et bonne élève. Elle était la seule à me faire hurler de rire par son côté un peu perchée, alors que je crois qu'elle admirait mon côté calme et efficace !

Nos univers familiaux étaient très différents. Moi, j'étais l'aînée d'une famille d'intellos. Mes parents, profs, invitaient très souvent à la maison des amis, avec lesquels ils refaisaient le monde en m'intégrant volontiers à leurs discussions. J'avais un frère et une sœur plus jeunes dont je m'occupais très souvent. J'avais l'habitude qu'on m'écoute et qu'on me respecte. Elle, petite dernière de trois filles, assez infantilisée par sa mère qui refusait de la voir grandir, avait sans doute développé son humour corrosif pour échapper à la déprime familiale... Car chez elle, l'ambiance était mortelle, pire que dans un couvent ! Notre seul point commun était le piano. Chez elle comme chez moi, c'était sacré. C'est sans doute cela qui nous a rapprochées. Dès que nous le pouvions, de préférence quand les parents de l'une ou l'autre étaient absents, nous nous lancions dans des morceaux effrénés à quatre mains. Très concentrées pendant de longues minutes, à la fin nous éclations de rire. C'était comme un défouloir. Nous adorions ces moments.

Elle m'invitait souvent chez elle, ce qui lui épargnait les tête-à-tête austères avec ses parents, ses sœurs étant de moins en moins présentes avec les années. Moi j'aimais bien y aller, car c'était calme. Quand on ne jouait pas, on s'enfermait dans sa chambre pour discuter pendant de longues heures. On passait aussi des vacances ensemble chez elle, au bord de la mer, mais c'est moi qui proposais d'aller dans les cafés, pour engager la conversation avec d'autres jeunes de notre âge. Peu à peu, je crois qu'elle s'est habituée à ce que je sois un peu sa locomotive. Elle suivait le mouvement avec plaisir. Moi, cela me faisait du bien d'être avec des gens de mon âge, pas toujours des enfants ou des adultes.

On a passé notre bac ensemble et quand je lui ai dit que j'allais m'inscrire en lettres, elle s'est aussi inscrite. On s'est donc retrouvées dans la même fac. Toujours assez réservée en groupe, un peu perdue dans l'immensité de la fac par rapport à notre petit lycée, elle me suivait comme mon ombre. Elle assistait à ma vie amoureuse un peu agitée ; elle, n'ayant aucune confiance en elle, n'avait aucun succès, alors qu'elle était charmante. Elle riait de mes frasques comme si elle les vivait par procuration. Je ne voyais pas le côté déséquilibré de cette amitié. Je ne crois pas que je profitais de l'ascendant que j'avais sur elle, mais je ne mesurais pas le danger que représentait pour elle cette forme de dépendance.

Un jour, elle m'a présenté François, le meilleur ami de

son cousin, qu'elle connaissait depuis toujours, mais que je n'avais jamais croisé. Elle me parlait souvent de lui et le trouvait sublime. Il m'a tout de suite draguée, et nous sommes sortis ensemble pendant deux ans. Jusqu'à ce que j'aie un coup de foudre pour Gilles, mon premier mari, le père de mes deux enfants. Florence bien sûr a été témoin à mon mariage, deux ans plus tard. Et elle s'y est rendue au bras de… François ! J'ai trouvé étrange qu'elle vive sa première relation amoureuse avec mon ex… Cette histoire, sans lendemain, a été pour elle le début d'une longue série d'échecs sentimentaux. Après notre mariage, nous l'invitions souvent à dîner ; chaque fois, j'avais la désagréable impression qu'elle draguait les copains de Gilles, mais l'aventure finissait toujours mal. J'ai pris conscience que tout cela n'était ni sain ni normal. Notre amitié l'avait sûrement rassurée. En me suivant, en me regardant vivre, elle évitait de se confronter à ses peurs, essentiellement sociales, et du coup elle n'évoluait pas et ne grandissait pas.

Je me suis éloignée peu à peu. Malgré l'évolution différente de nos vies, et le temps qui passait, Florence a longtemps sollicité ma présence, mon soutien. J'ai peu répondu, non sans culpabilité. Mais je n'avais plus envie de ce lien asymétrique, de cette dévotion infantile dont je mesurais a posteriori les effets aliénants et pervers. Aujourd'hui, j'ai plusieurs vraies amies, qui sont des femmes que j'ai rencontrées quand moi-même je suis devenue une femme. Soit dans le travail, soit par l'école des enfants. Je revois parfois Florence, le temps d'un déjeuner, et cela me fait plaisir, mais j'ai toujours l'impression qu'elle me ramène à mon adolescence, à un passé révolu… Avec mes amies d'adulte, je me sens beaucoup plus en phase. Pour moi, ces amitiés sont précieuses, légères, car complètement gratuites.

*

Laure cherche à s'échapper d'un lien qui lui pèse alors que c'est elle qui semble dominer. Pourquoi ?

Tout simplement parce que tout le monde n'a pas besoin ni envie d'être dans des relations de dominé-dominant. Au départ de cette histoire, les deux amies sont attirées par leurs différences, tant physiques que de tempérament. Leur éducation est également pleine de contrastes puisque l'une est couvée par sa mère et l'autre très autonomisée par des parents moins anxieux. Pendant leur adolescence, chacune trouve son compte chez l'autre de façon assez équilibrée, et un plaisir commun les réunit : le piano. C'est à l'entrée dans la vie adulte que le déséquilibre s'amorce : à son insu, Laure prend un ascendant sur Florence sans mesurer les conséquences que cela peut avoir sur leur amitié. En devenant adulte, en posant des choix professionnels et amoureux, elle réalise que Florence vit sa vie par procuration en la prenant comme modèle. Le lien qui unit les deux amies devient de plus en plus bancal, de moins en moins dans l'échange mutuel et la réciprocité. Avec la maturité, Laure se sent mal à l'aise dans ce rôle de modèle, qui maintient Florence dans un état de dépendance. Elle la préférerait autonome et libre. Et elle décide de prendre ses distances. On a l'impression, dans cette histoire, que l'une a grandi, l'autre pas. Et c'est aussi cela qui crée la distance, l'éloignement. Car, comme Florence peine à sortir de l'adolescence et à se construire comme adulte, elle donne à Laure, quand elles se voient, l'impression de la ramener en arrière. L'une tournée vers le passé, l'autre vers l'avenir, elles ne regardent plus dans la même direction.

Agathe, 25 ans, chef des ventes, célibataire

« Je me suis laissé maltraiter. »

Carole et moi, nous étions amies depuis le lycée. Pas des amies intimes, qui se racontent tous leurs secrets, mais nous faisions partie de la même bande et nous nous entendions vraiment bien. Et puis, j'étais sortie quelques mois avec Victor, un de ses meilleurs copains, alors on avait passé pas mal de temps ensemble. Aussi, quand nous avons su que nous nous retrouvions ensemble à Milan, elle pour ses études d'histoire de l'art, moi pour sciences éco, on était ravies et on a cherché une colocation. Elsa, inscrite comme Carole en histoire de l'art, avait déjà un appartement et cherchait deux colocs. On a fait l'affaire. Elsa avait choisi sa chambre en premier, il en restait deux. L'une un peu plus grande que l'autre. Carole m'a dit : « Je prends celle-là, ça ne t'ennuie pas ? » Avec le recul, je me dis que c'est comme ça que tout a commencé. Au lieu de lui répondre : « Moi aussi je préfère celle-ci, on tire au sort », je lui ai dit qu'il n'y avait aucun problème...

Les premières semaines, nous avons pris nos marques. J'avais beaucoup de travail. Carole et Elsa moins. Au bout d'environ un mois et demi, Carole est devenue désagréable avec moi. Elle faisait comme si je n'existais pas.

Par exemple, elle préparait à dîner, et en proposait à Elsa, pas à moi. Si nous prenions un repas ensemble, elle critiquait ce que j'avais dans mon assiette : à ses yeux, je ne mangeais jamais assez. « Tu ne t'es pas vue ? Tu es maigre comme un clou ! » Je n'étais pas grosse, mais je n'étais pas maigre. Je n'ai jamais eu de problème de poids. C'est comme ça, c'est de famille, ma mère est mince, ma sœur aussi. Carole n'était pas grosse, mais elle était plus petite que moi et plus charpentée. C'est devenu infernal. Elle s'est mise à surveiller tout ce que je mangeais. Au lieu de la remettre à sa place, je ne disais rien. J'en disais même de moins en moins, je me faisais toute petite. Je bossais beaucoup le soir, ce qui me dispensait de lui parler, mais ce qui renforçait mon exclusion. Elle était charmante avec Elsa, qui semblait ne rien remarquer. Nous avions bien sûr quelques soirées, car à Milan il y a plein d'étudiants étrangers qui se retrouvent pour faire la fête. Elle me faisait passer pour l'intello de service, obsédée par son travail. La fille pas marrante, quoi ! Et plus elle me dénigrait, plus je me recroquevillais. J'ai réalisé plus tard que je collais à l'image qu'elle me renvoyait de moi. Les mois ont passé, et cela ne s'est pas arrangé. Quand je suis rentrée à Paris pour les vacances de Noël, mes parents m'ont trouvée petite mine, mais je n'ai rien dit. Au contraire, j'ai fait la fanfaronne. Je ne voulais surtout pas qu'ils puissent penser que j'avais le cafard d'être loin d'eux. D'ailleurs, ils ne me manquaient pas. De retour à Milan, Carole m'a accueillie avec un grand sourire et j'ai eu l'espoir que les vacances l'aient calmée. Mais, deux jours après, elle a recommencé de plus belle, me disant que tout le monde trouvait que j'étais bizarre et qu'elle avait entendu Untel et Unetelle dire que j'avais l'air drôlement prétentieuse. Elle continuait à me harceler quand nous prenions nos repas ensemble. Puis elle s'est mise à m'appeler de plus en plus régulièrement pour savoir où j'étais, ce que je faisais et avec qui. Je n'avais plus jamais la paix, même en dehors de l'appartement. J'allais réviser davantage en bibliothèque, j'y passais mes journées, car là-bas je pouvais éteindre mon téléphone et respirer un peu. Mais je redoutais le moment où, en le rallumant, j'allais voir ses appels manqués et ses messages !

J'ai commencé à m'isoler davantage, à moins manger aussi. Il faisait froid et humide à Milan. Mars arrivait et les examens s'enchaînaient. Je travaillais, m'alimentais peu, buvais du café pour tenir le coup. Après un mois de ce régime, je suis tombée malade. Un soir, alors que je venais de finir mes examens, je me suis retrouvée au lit grelottant de fièvre. Le lendemain, pareil. Elsa a appelé un médecin. J'avais une pneumonie. Il voulait que je sois hospitalisée. J'ai appelé mes parents qui ont pris le premier avion. Quand ils m'ont vue, je crois qu'ils n'en sont pas revenus. J'avais perdu sept ou huit kilos, j'avais une mine à faire peur, et surtout, j'étais comme une poupée de chiffon, complètement molle et sans vie. Ils m'ont ramenée à Paris. Notre généraliste m'a mise au repos jusqu'à l'été, et surtout engagée à aller consulter une psychologue dont il m'a donné le nom. J'y suis allée à reculons, mais le contact avec cette femme a été bon. Elle m'a vite mise en confiance. Et là, j'ai tout déballé. J'ai pleuré, pleuré... une vraie fontaine. Il m'a fallu plusieurs semaines pour me calmer un peu et sortir de la détresse. Grâce à elle, j'ai compris que Carole m'enviait sans doute depuis le lycée et mon histoire avec son copain. Arrivée à Milan, elle avait senti dès le départ qu'elle pouvait, dans ce contexte particulier, avoir de l'ascendant sur moi. Et elle en avait profité de façon assez perverse. Plus je lui montrais que j'étais affectée, plus elle en rajoutait. Ça, encore, c'était facile à comprendre, ce qui était nettement plus compliqué, c'était de trouver les raisons qui m'avaient conduite à supporter tout ça. Le plus douloureux – mais le plus libérateur aussi – a été de réaliser que j'y étais aussi pour quelque chose. L'incapacité à faire face, à aller au conflit, à m'imposer, c'était moi, pas elle !

Il m'a fallu une bonne année avec cette psy pour reprendre confiance en moi, ne plus avoir peur. Car, au fond, il s'agissait de cela : une énorme peur d'enfant qui resurgissait des années plus tard. L'agressivité de Carole, à Milan, alors que je vivais pour la première fois hors de ma famille, me pétrifiait, comme quand j'avais quatre ans et que mes parents, en pleine crise conjugale, me terrifiaient en se hurlant dessus devant moi. Je n'ai plus vu Carole depuis cette histoire. De temps en temps, j'entends parler d'elle par la bande, mais, même si aujourd'hui j'y pense de moins en moins, voire plus du tout, pendant longtemps, l'idée même de la croiser dans une soirée me rendait malade.

*

Dans l'histoire d'Agathe, on peut parler de harcèlement de la part de son « amie » Carole. Quelle rivalité cela cache-t-il ?

En effet, tous les ingrédients du harcèlement sont là. D'un côté Agathe, la « victime », grande adolescente ou jeune adulte, qui, se retrouvant loin des siens à l'étranger, se sent plus vulnérable, fragilisée par l'éloignement. Pour se rassurer, garantir l'harmonie de leur cohabitation et garder l'amitié de Carole, elle va supporter des choses insupportables : d'abord des petits riens, a priori anodins, comme le choix de la chambre, mais qui vont évoluer rapidement vers une emprise de plus en plus asphyxiante, qui va la rendre malade. De l'autre côté, Carole, le « bourreau », qui semble ressentir une vraie jouissance à faire souffrir Agathe, à la manipuler, à la rabaisser. Elle la surveille, l'épie, l'humilie, l'isole. Elle la voit perdre pied, et loin de s'en inquiéter, elle s'en réjouit et en rajoute. On ne connaît pas l'histoire personnelle de Carole. Elle donnerait des clés pour comprendre son comportement pervers. Bien sûr, il y a de la rivalité. Agathe est très jolie, a eu du succès au lycée, est sortie avec un ami de Carole. Tout cela peut créer un sentiment de jalousie, de l'envie, de la rivalité, surtout à cet âge où l'on est souvent peu sûr de soi. Mais en harcelant Agathe de la sorte, elle déploie une agressivité sans limite. Le harceleur, d'une façon générale, trouve force et plaisir en écrasant l'autre, en le brisant comme un objet. Mais il choisit ses proies, et ne s'en prend qu'à celles qui, il le devine, sont fragiles et ne lui résisteront pas. Soit que, très loin de l'affirmation de soi, leur histoire leur ait appris à se soumettre, soit qu'un contexte ponctuel ait diminué leurs capacités de résistance. Sans tomber dans des cas aussi dramatiques, la rivalité dans les groupes d'amis est monnaie courante, notamment chez les jeunes adultes. Souvent se rejouent là des rapports de force qui résonnent avec ceux de l'enfance. Il faut trouver sa place. Pour certains, cela va de soi, pour d'autres, cela passe par la lutte ou le conflit.

Thomas, 45 ans, juriste, séparé, un enfant

« Incapable de faire passer ma femme avant ma bande de copains ! »

Moi, je n'ai pas un meilleur ami, mais une bande de copains dont je ne peux pas me passer. On est quatre : Antoine, Xavier, Christian et moi. On s'est rencontrés au collège, on était ensemble en troisième 4, l'année de tous les excès. On a tout fait ensemble : nos premières clopes, nos premières cuites, nos premières colles, nos premières nanas. Quelque chose de très fort nous unit, qui doit dater de ces années-là. On est pourtant très différents : Antoine est l'intello de la bande, Xavier le fêtard, Christian le cœur d'artichaut et moi la grande gueule. Mais entre nous, c'est « à la vie, à la mort ». Et ça dure depuis plus de trente ans.

J'ai été le premier à rencontrer celle qui allait devenir ma femme. Je suis tombé amoureux d'Élise en deuxième année de fac de droit. Très vite, je l'ai présentée à mes trois potes. Il fallait qu'elle leur plaise, c'était la condition sine qua non pour continuer notre relation. Leur avis était bien plus important que celui de mes parents. Ils l'ont tout de suite acceptée. À condition, bien sûr, qu'elle me laisse libre. Et c'est ce qu'elle a fait. Pendant nos études, je sortais souvent faire la fête avec mes potes : on faisait la tournée des bars, on rentrait bourrés à 4 ou 5 heures du matin. Élise ne disait rien. Même en dernière année, quand on s'est installés ensemble dans un studio que nous louions avec nos petits jobs, elle me laissait très libre. Élise était assez casanière, elle aimait lire, et n'avait pas besoin de moi pour ça !

Et puis on s'est tous mis à bosser, Élise et moi on s'est mariés, mes trois potes pour témoins. Antoine s'est marié l'année d'après. Le même été que Xavier. Tandis que Christian enchaînait les histoires de cœur foireuses. Avec le boulot, nos femmes, on sortait nettement moins, mais quand on le faisait, on s'arrachait la gueule et je commençais à sentir Élise un peu énervée de me voir me lever à 14 heures les lendemains de cuite. Elle me faisait des petites réflexions, mais je l'entraînais sous la couette et cela s'arrangeait vite ! C'est après la naissance de Noé que ça s'est vraiment corsé. Élise était tout le temps fatiguée, mais ne voulait pas laisser le bébé à une baby-sitter, même quelques heures. Moi, j'adorais mon fils, mais j'étais comme un lion en cage. Alors, j'ai commencé à sortir de plus en plus souvent avec mes copains. Xavier était en pleine crise de couple et avait besoin de se changer les idées, la femme d'Antoine était enceinte, Christian était à nouveau célibataire… Autant de bonnes excuses pour se retrouver tous les quatre, boire un verre et puis un autre, et encore un autre. Notre nouveau QG était un bar dans lequel, un samedi par mois, des filles venaient faire un strip-tease. C'était rigolo, rien de bien méchant… Mais quand Élise a trouvé une note provenant de ce bar dans ma poche de pantalon, elle m'a fait toute une crise. J'étais furieux. Peu à peu, nous avons commencé à nous éloigner. Je n'avais pourtant pas envie de lui mentir mais, dès que j'évoquais une soirée avec mes potes, elle se mettait à hurler. Et pour moi les potes, c'est sacré. Alors je prétextais des soirées de boulot et j'allais les retrouver. On était euphoriques tous les quatre, on avait l'impression d'avoir encore 15 ans, de transgresser l'autorisation de nos mères…

Jusqu'au jour où Élise en a eu vraiment marre. Un lendemain de fête avec mes copains, elle est partie s'installer avec Noé chez sa mère. Quand je me suis réveillé à 15 heures, encore tout imbibé d'alcool, l'appartement était vide, plus de lit de bébé, plus de vêtements dans le placard. À 22 heures, j'ai reçu un SMS : « Besoin de prendre un peu de recul. N'essaie pas de me joindre. Je te recontacterai. » J'étais effondré. J'ai appelé mes copains, on est sortis faire la fête pour me changer les idées. Une semaine après, Élise m'a donné rendez-vous dans un restaurant pour dîner. Elle était belle, je me suis rappelé combien je l'aimais… Elle m'a expliqué qu'elle avait besoin d'être ma priorité, que mes copains prenaient trop de place dans notre vie, qu'elle ne pourrait pas continuer ainsi. Je lui ai promis de faire des efforts. Le lendemain, elle est revenue avec Noé. J'étais fou de joie, et plein de bonnes résolutions. Ça a duré presque six mois. Jusqu'à ce que Xavier se fasse plaquer par sa femme. Il était au fond du gouffre. Il avait besoin de ses vieux copains… Et j'ai recommencé à sortir avec eux, et à mentir à Élise. Elle s'en est vite aperçue et a fait sa valise, cette fois pour de bon.

C'était il y a un an. Aujourd'hui, nous sommes officiellement séparés. Je vis seul et j'ai la garde de Noé un week-end sur deux, et la moitié des vacances scolaires. Ma vie n'est pas très folichonne, même si mes copains m'appellent souvent pour sortir. Étrangement, je n'en ai plus très envie. Souvent, je regrette ma vie de famille. Mais je ne sais pas si je serais capable un jour de faire passer une femme avant mes copains d'enfance. Sans doute est-ce immature, mais je n'arrive pas à faire autrement...

*

Thomas semble entretenir un rapport de dépendance à sa bande de vieux copains... Quelle est sa problématique ?

À l'adolescence, il a trouvé dans sa bande le plein de bonheur, de joie, d'amusement. L'amitié est placée sous le signe de la fête, de l'insouciance, mais elle n'en est pas moins extrêmement solide. Ils sont quatre « à la vie, à la mort », qui se réjouissent ensemble et se soutiennent dans les moments durs. Leur lien est si fort que le jugement des uns et des autres intervient jusque dans leurs choix amoureux. Thomas, après son mariage avec Élise, continue naturellement à faire la fête avec ses amis sans que sa femme n'y trouve trop à redire. C'est après la naissance de leur fils qu'elle a de plus en plus de mal à supporter cette bande d'éternels adolescents, alors qu'elle a besoin à ce moment-là d'un homme responsable et adulte qui partage avec elle cette nouvelle responsabilité de parent. Thomas est prisonnier de ce lien d'adolescence qui l'empêche de devenir pleinement adulte et le maintient dans l'immaturité. Il se protège ainsi des responsabilités et du temps qui passe. Se donne l'illusion que rien ne bouge, au risque de se détourner de sa femme et de la perdre. À vouloir vivre sa liberté sur ce mode régressif, il s'enferme dans un système obsolète. Il se retrouve dans une cage qui l'empêche de sortir pour construire ce qu'il a à construire : une vie d'adulte, une vie de couple, une vie de parent. Le départ de sa femme le laisse en pleine détresse car il n'a pas voulu envisager les conséquences de ce mode de vie fondé sur une amitié devenue envahissante. L'histoire de Thomas et de sa bande, c'est surtout une histoire d'amitié adolescente qui s'est prolongée, où le groupe rend plus fort et excite. Les adolescents se nourrissent de cette effervescence qui leur permet d'échapper aux contraintes de leur vie quotidienne, aux interrogations sur leur avenir qui sont multiples et les angoissent. C'est pour cela qu'ils se retrouvent pour boire et faire la fête. Ils « se lâchent », disent-ils. Mais, comme l'amour, les rapports amicaux doivent évoluer avec le temps et les situations. S'ils ne le font pas, ils risquent de rester figés et, à un moment ou à un autre, d'emprisonner en empêchant d'avancer. Nous le voyons bien dans ce témoignage où, finalement, Thomas, en ne voulant pas voir le temps passer, s'égare et perd son couple.

V

Quand le travail tourne à la souffrance

Alors que le travail est censé se situer en dehors de la sphère familiale et affective, la vie professionnelle est tout de même, et de plus en plus, un lieu d'emprise.

Comment expliquez-vous cela ?

Parce que le travail est essentiel dans notre vie d'adulte, et qu'on y consacre une bonne partie de son temps ! Depuis l'enfance, on a en tête l'idée qu'un jour viendra où l'on aura un travail qui nous permettra de gagner de l'argent et d'être autonome. Travailler et gagner de l'argent, c'est être devenu adulte. Les sociétés de consommation, qui créent des besoins matériels de plus en plus importants, renforcent l'idée que la réussite professionnelle est indispensable pour satisfaire ces besoins et être heureux. D'autant qu'avec les difficultés économiques, le travail devient une denrée rare, donc un bien précieux et recherché. Résultat : la société mais aussi nous-mêmes avons tendance à nous donner de la valeur à travers notre réussite professionnelle. D'où un enjeu considérable, des risques accrus de se retrouver emprisonné de différentes manières, et des souffrances de plus en plus nombreuses, que nous, psy, nous devons entendre !

Cette intrication avec le terrain affectif ne commence-t-elle pas dès le choix du métier ?

En effet, dans le choix d'un métier il y a des projections inconscientes très fortes. À notre insu souvent, parfois consciemment, nous sommes influencés par des modèles qui nous ont marqués au cours de notre enfance ou plus tard, quand le choix de l'orientation s'est imposé. Quand on veut devenir architecte, militaire, danseur, chef d'entreprise, professeur, cuisinier..., c'est bien souvent parce qu'on a croisé telle personne, dans notre enfance ou notre adolescence, qui nous a séduits, qu'on a admirée, et dont on a envié le bonheur, le mode de vie, l'image sociale. Le choix du métier peut aussi être associé à un idéal, proche ou au contraire permettant de se différencier, de s'éloigner du modèle familial : grand reporter pour le goût de la liberté et la prise de risques, médecin pour soigner et apporter du réconfort à ceux qui souffrent. Je pense à un patient devenu cancérologue qui a perdu sa mère d'un cancer à l'âge de 10 ans, ou à un autre devenu entrepreneur à succès, sautant d'un avion à l'autre pour parcourir le monde, et échappant ainsi au modèle de ses parents agriculteurs, attachés à leur terre depuis plusieurs générations.

Que recherche-t-on, et que trouve-t-on, finalement, dans le travail ?

Le travail est d'abord une façon de gagner sa vie, pour quitter ses parents, devenir autonome, libre, et trouver sa place dans la société. Se loger, se nourrir, fonder une famille, comment y parvenir sans travail ? Certains n'ont d'ailleurs pas le choix du métier ou des conditions de travail : il faut avoir un salaire garantissant un toit, de quoi se nourrir et élever ses enfants. Pour ceux qui ont la chance d'avoir plus de choix, le travail peut procurer, en plus de l'argent, du plaisir intellectuel, du pouvoir, de la reconnaissance, une place dans la société. Il donne aussi la possibilité d'exprimer son talent, son énergie, sa créativité, toute une partie de soi qui n'émerge pas forcément dans la sphère familiale. Travailler, c'est aussi un moyen de se confronter aux autres, de s'ouvrir à des horizons très différents de ceux qu'on a connus quand on était enfant. Cela peut être l'occasion d'une formidable ouverture sur le monde, sur les autres. Quand on a la chance de pouvoir faire un travail que l'on aime, c'est une belle source d'épanouissement personnel. Et puis cela peut aussi être l'occasion de compenser des frustrations du passé, de prendre sa revanche. Ou, inversement, de préserver la place qu'on a eu le sentiment d'avoir connue dans une enfance privilégiée.

Les premières expériences professionnelles, souvent très affectives, peuvent conduire à des relations ambiguës ?

En effet, dans son ou ses premiers boulots, on recherche souvent des situations qu'on a connues dans le passé, en général avec ses parents ou dans la vie scolaire. Quand on a été mauvais élève, par exemple, on peut être poursuivi par cette image de cancre qui nous a collé à la peau, les commentaires assassins de certains professeurs. Et inconsciemment, on peut retrouver, chez un supérieur hiérarchique, ces fantômes du passé. On se met alors dans une position infantile, où l'on attend du chef qu'il nous récompense, nous punisse, nous encourage... Certains souffrent ainsi longtemps du syndrome de l'imposteur : même s'ils réussissent professionnellement, ils ont peur qu'on les démasque, qu'on s'aperçoive qu'ils sont nuls, incapables d'assumer les responsabilités qu'on leur a confiées. Ces personnalités-là restent dans le doute permanent de ne pas donner suffisamment de preuves de leurs capacités. C'est sans fin, et cela risque de les conduire à l'épuisement professionnel, car elles ne savent pas s'arrêter. Parfois, elles sont rassurées un instant sur leurs capacités par un compliment ou une promotion, mais cela ne les convainc pas dans la durée, et, très vite, elles doutent à nouveau. Cela peut durer très longtemps, bien au-delà du premier boulot…

Le « boss » peut occuper une position démesurée… Qu'incarne-t-il ?

Si la figure du patron peut renvoyer aux rapports avec ses parents ou professeurs quand on était enfant, elle est également chargée de ce que l'on rêve d'être. Incarnant la « femme libre » ou le « père de famille rassurant », le ou la boss peut, au début en tout cas, être paré(e) des qualités qu'on admire et qu'on aimerait avoir. C'est « l'idéal du moi » incarné. Il est là où l'on aimerait être un jour, et cela fait de lui un modèle. Mais généralement cela ne dure pas, et celui qui idéalise risque fort, le temps passant, d'être rattrapé par la réalité, qui révèle aussi des défauts… Comme l'adolescent qui fait tomber son père de son piédestal, le regardant avec les bonnes lunettes, celui qui a idéalisé son patron lui en veut souvent, après coup, de ne pas être à la hauteur de ses attentes. Et s'en veut à lui-même de s'être bercé d'illusions. Finalement, il se déçoit lui-même, ce qui explique la violence de la blessure et des réactions. Quand on se laisse prendre au piège de ses fantasmes, comme dans certaines histoires d'amour, le retour à la réalité est douloureux.

Certains choisissent de rejoindre une entreprise familiale, soit pour rester dans la lignée comme on le faisait autrefois, soit parce que les valeurs familiales leur plaisent. En quoi cela peut-il être risqué ?

Quand on travaille avec ses parents, frères et sœurs, oncles et tantes, cousins et cousines…, il n'est pas toujours facile de faire la part des choses entre le lien familial et le lien professionnel. Je me souviens de ce patient de 25 ans qui venait de terminer ses études et commençait à travailler dans le cabinet d'avocats familial. Il éprouvait beaucoup de difficultés à se situer, car ses initiatives se heurtaient au regard de son père et de son frère. Ces derniers lui renvoyaient sans cesse l'image, dans laquelle ils l'avaient enfermé, du « petit », réservé et timide, qui écoute et se tait. On peut comprendre que, dans des cas similaires, le basculement ne puisse pas se faire du jour au lendemain. Il faut du temps, mais aussi une prise de conscience, parfois un véritable effort de réflexion, pour que chacun trouve ses marques et que la confusion s'estompe. Mais certains y parviennent très bien !

En quoi le fait de reprendre l'entreprise familiale peut-il être périlleux ?

Quand c'est par héritage ou succession, le poids peut être très important, dans la mesure où il faut mener une barque qui flotte plus ou moins bien, avec l'idée d'une comparaison permanente. On se met forcément en compétition avec les aînés, avec la peur d'être moins bon, mais aussi parfois le scrupule inconscient d'être meilleur… C'est toujours cette règle de loyauté inconsciente qui, souvent, risque de nous ligoter. Dans ces héritages familiaux, la liberté de choisir n'est pas toujours au rendez-vous, et certains ne la remettent jamais en question. Mettre ses pas dans des traces connues – comme c'était souvent le cas autrefois (commerçants, médecins, etc.) – peut convenir à certains, les épanouir, les sécuriser, les valoriser, avec l'idée qu'ils sont un maillon de la chaîne. Mais pour d'autres, ce choix peut être plus ambivalent : ils peuvent avoir du mal à choisir entre l'envie de répondre à la demande parentale, d'être le « digne héritier », et le désir de tracer leur propre route, en faisant autre chose. Je me souviens de ce patient qui aurait dû succéder à son père notaire, qui avait lui-même succédé à son propre père. Tout au long de ses études de notaire, qu'il avait pourtant choisies, il avait été pollué par le doute et la validité de son choix. Son inconscient a fini par le rattraper puisque, par deux fois, il a échoué à l'examen qui aurait dû lui permettre d'accéder à cette profession. Il a vécu cela comme une libération car, par là même, il se désencombrait des projections paternelles qui, sans avoir été imposées ou signifiées de façon agressive, étaient elles-mêmes pleines du poids des aïeux.

Le piège de l'affect dans les relations professionnelles guette-t-il tout le monde ?

Tout le monde peut, à un moment de sa vie ou de son histoire, tomber dans ce piège et se laisser déborder. Au départ, quand on arrive dans un univers inconnu, on est rassuré de trouver des repères, des modèles, un accueil réconfortant et rassurant… qui peut d'ailleurs le rester ! Le problème survient quand ces relations affectives font sortir exagérément du cadre professionnel ou faire des choses déraisonnables (travailler tous les week-ends, être dévoué corps et âme, joignable jour et nuit, sous-payé…). Évidemment, plus on est jeune et inexpérimenté, plus on a besoin de reconnaissance, plus on va se laisser aveugler.

Dans le contexte professionnel, certains cherchent toujours à dominer. Pourquoi ?

En général, les gens qui prennent le pouvoir – de la petite manipulation inconsciente à la grande perversion – sur le terrain professionnel ont une revanche à prendre. Revanche de l'enfant qui a vu ses parents dans la précarité financière et qui fait tout, quitte à écraser les autres, pour gagner très bien sa vie et grimper dans l'échelle sociale. Ou celle du fils d'employés maltraités qui, blessé par les humiliations dont ses parents ont été victimes, malmène les autres. Le pouvoir acquis dans leur travail, petit ou grand pouvoir d'ailleurs, leur donne un sentiment de puissance qui leur a fait défaut à un certain moment de leur vie. Il y a aussi des personnes qui, dans leur vie de couple ou de famille, sont plutôt soumises et douces, et qui expriment, dans le monde professionnel, la part d'agressivité qui existe en chacun d'entre nous. Je pense à ce patient marié à une « maîtresse femme » qui dirigeait tout à la maison. En famille, il passait son temps à arrondir les angles. Mais dans le travail, il affirmait pleinement sa personnalité : c'était lui, le boss, celui qu'on écoutait ! On peut aussi rencontrer chez ces « fous de pouvoir » des adultes qui ont été adulés, idolâtrés : ils ont gardé en eux la toute-puissance du petit enfant qui veut les pleins pouvoirs et ne se met jamais à la place des autres… Ceux-là cherchent toujours une position dominante et risquent donc d'emprisonner des personnes plus fragiles.

La souffrance au travail est un véritable problème de société, dont on parle de plus en plus… Le sentez-vous dans votre cabinet ?

En effet, les gens souffrent de plus en plus dans le travail, car l'emploi étant de plus en plus précaire, les limites de ce qu'on supporte sont repoussées. Ces souffrances sont aussi déstabilisantes que celles vécues dans la sphère intime, dans la vie affective. Mais elles ont été longtemps moins exprimées ou moins entendues. Les psy ont conscience de l'importance de prendre aussi en charge ces souffrances, qui sont liées parfois à une problématique inconsciente, mais le plus souvent à une réalité sociale laminante. Parfois les deux peuvent être conjuguées. C'est l'objet du travail et des livres de la psychologue Marie Pezé, qui a ouvert la première consultation « Souffrance et travail ». Tous mes patients évoquent, à un moment ou à un autre, leurs soucis professionnels, qui peuvent être de grosses difficultés, parce qu'ils ont été licenciés, que, travailleurs indépendants, ils peinent à boucler leurs fins de mois, que l'ambiance au travail est insupportable, qu'ils sont victimes de harcèlement ou de manipulations... Les enfants aussi me parlent du travail de leurs parents – la mère qui travaille trop, le père au chômage, etc. – et de la souffrance que cela entraîne au sein de la famille. Ce qui me frappe le plus, c'est le fait que, souvent, ces personnes ont négligé des signaux d'alerte – fatigue, troubles du sommeil, mal de dos, etc. – qui auraient dû les faire ralentir ou prendre du recul. Dans le contexte économique actuel, soit elles n'en ont pas conscience et sont dans une sorte de déni, soit elles les prennent comme des signes de faiblesse contre lesquels il faut lutter, quitte à s'écrouler après.

Quand peut-on parler de harcèlement moral ?

Le harcèlement moral au travail, tel que le définit la psychiatre et psychanalyste Marie-France Hirigoyen, est une conduite abusive – gestes, paroles, comportements... – qui porte atteinte, par sa répétition et son côté systématique, à l'intégrité psychique et physique d'une personne. Il faut évidemment différencier cela de l'agression ponctuelle ou des mauvaises conditions de travail liées à l'entreprise ou à un contexte économique difficile. Dans le cas du harcèlement, les attaques sont individualisées, répétitives, avec un dominant et un dominé, et sans raison objective, et elles dépassent souvent le cadre du travail pour toucher à l'intimité de la personne.

Notre société est de moins en moins hiérarchisée : cela n'augmente-t-il pas aussi le risque d'emprise ?

Tout à fait. Le vouvoiement a considérablement diminué. Dans certaines professions, il est même complètement obsolète et le tutoiement est de rigueur, quelles que soient les différences hiérarchiques ou les écarts d'âge. Le système des *open spaces* brouille aussi la donne : il n'y a pas de places définies, la jeune recrue côtoie le plus «gradé» sans trop savoir qui est qui. Les échanges y deviennent beaucoup plus informels. D'ailleurs, on se réunit facilement pour faire la fête, partir en week-end pour des séminaires, on parle volontiers de sa vie privée avec ses collègues... Résultat : la hiérarchie semble totalement gommée, le système de communication est moins clair, et l'on a de plus en plus de mal à savoir si on a affaire à un chef, un ami, un collaborateur. Cela peut être déstabilisant et source d'incompréhension de part et d'autre.

Pour échapper au stress du salariat, de plus en plus de personnes créent leur propre entreprise ou s'installent avec le statut d'autoentrepreneurs. Que recherchent-elles ?

Les difficultés économiques qui fragilisent les entreprises et ralentissent l'embauche poussent à se demander comment s'en sortir autrement. Monter sa boîte, s'installer en indépendant, c'est parier sur sa propre créativité. Cela donne aussi une liberté que les plus jeunes – la génération Y – revendiquent avec force car ils rejettent les schémas de leurs aînés, attelés à leur travail au prix de leur vie privée. Ils veulent s'accorder le droit de trouver un équilibre entre travail et vie privée, et être leur propre patron leur apparaît la solution pour y arriver. Cela peut en être une, à condition de ne pas devenir esclave de sa propre entreprise !

Quel rôle joue l'argent dans tout ça ?

Gagner de l'argent est le nerf de la guerre. Salarié d'une entreprise ou travailleur indépendant, à moins d'être un riche héritier, il faut bien gagner de l'argent pour vivre et ne pas être en marge de la société. Gagner sa vie, sans être uniquement dépendant des aides de l'État, permet de mener une existence digne. C'est le minimum. Ensuite, tout va dépendre du rapport qu'on a avec l'argent et des valeurs qui nous ont été transmises par nos parents. Notre rapport à l'argent est étroitement lié à notre éducation. On en a manqué ? On en avait mais il fallait éviter d'en parler ? Il était érigé en vertu cardinale ? Pour certains, l'argent est une fin en soi, ils sont prêts à perdre leur liberté pour en gagner, avoir du pouvoir et consommer à leur guise. D'autres s'engagent dans des voies professionnelles où c'est l'intérêt qui prime. Un médecin hospitalier vit bien mais il ne fait pas fortune. De même, les enseignants, les artistes savent bien que leurs gains n'atteindront jamais des sommets. Leur choix n'est pas guidé par l'idée d'avoir de gros revenus. Dans les professions où les revenus varient considérablement en fonction du résultat, il y a un risque de se faire prendre au piège d'une course effrénée...

Aujourd'hui, on entend parler de « workaholic », « bourreau de travail ». Le travail peut-il devenir une addiction comme l'alcool ou la drogue ?

Dans toutes les addictions, il y a la recherche d'un plaisir inégalé qu'on a trouvé une fois et qu'on cherche à retrouver indéfiniment. Ce plaisir suprême, cette excitation liée au plaisir, peut se trouver dans le travail. Il a pu générer un sentiment de pouvoir, voire de toute-puissance. On l'a vu chez les traders, manier des milliards peut être grisant au point de les rendre accros à cette excitation. Certains s'y perdent. Chez les personnalités addictives, se pose toujours la question des limites. De même que l'alcoolique ne va pas pouvoir s'arrêter à un verre, et que le joueur en ligne va jouer toute la journée, la personne accro au travail va travailler de façon excessive, sans s'arrêter, car s'arrêter l'angoisse. Le travail est devenu son unique moteur. C'est ce qui la remplit, donne un sens à sa vie. Elle travaille aux dépens de sa vie amoureuse, familiale, sociale, et de sa santé physique et psychique.

On parle de plus en plus de burn-out. Qu'est-ce que c'est exactement ?

C'est le syndrome de l'épuisement lié au travail, au stress. Un concept américain du début des années 1970, arrivé chez nous il y a trente ans environ. Et, comme tout ce qui a été identifié récemment, on a tendance à en répertorier beaucoup ! *To burn out* signifie « se consumer », « brûler de l'intérieur ». Cela exprime bien ce que ressentent les victimes de ce syndrome : elles ont l'impression d'avoir épuisé tout leur capital d'énergie, comme les flammes d'un feu qui se seraient éteintes. C'est un phénomène physiologique qui n'est pas lié au stress ponctuel – avant une réunion importante ou une prise de parole en public – mais à un stress continu. Or le stress, qui nous mobilise ponctuellement et de façon efficace afin d'agir mieux, n'est pas fait pour durer. Quand il se prolonge, il aboutit à un épuisement aussi physique que psychique qui peut durer des mois. Le burn-out est une forme de dépression, mais en réaction à une vie professionnelle harassante ou particulièrement stressante.

Certaines personnalités sont-elles plus sujettes au burn-out ?

Les hommes et les femmes qui font des burn-out ont en commun d'être très engagés dans leur travail, d'aimer leur entreprise, d'être en quête de reconnaissance... Et cela n'est pas critiquable ! Dans notre société, l'hyperactivité est survalorisée : il faut faire mille choses à la fois, le plus vite et le plus efficacement possible. Les nouvelles technologies favorisent cela en permettant d'être joignable à tout moment, interrompu sans cesse, surinformé... Or on risque ainsi la surchauffe ! Pour éviter cela, il est important, là encore, d'être attentif aux signaux d'alerte : ne jamais pouvoir lâcher son portable, laisser son chef se reposer sur nous, accepter de prendre en charge le travail des autres...

L'hyperactivité peut aussi s'expliquer par la peur du chômage, qui menace tout le monde...

En effet, peu de gens sont épargnés par le chômage, et tout le monde ou presque, à un moment de sa vie, connaîtra une ou plusieurs périodes d'inactivité. Cela atténue peut-être un peu le sentiment de honte ou d'humiliation qui était fortement ressenti quand il y avait le plein-emploi, car le chômage est aujourd'hui partagé par un très grand nombre.

Néanmoins, il reste toujours source d'angoisse et menace l'équilibre personnel et familial. À un âge où l'activité professionnelle va de soi, et fait partie intégrante de la vie, se retrouver amputé de cela, et vivre sur des indemnités qui s'épuisent vite, donne souvent l'impression d'être défaillant, hors circuit, plus rentable, inutile. Et, encore une fois, cela entraîne de vraies souffrances. Le sentiment d'être mis de côté, voire au rebut, entame immanquablement la confiance en soi. À cela s'ajoute la dépendance au regard des autres. Même dans les sphères très intimes, il change vite. Mes patients touchés par le chômage me racontent combien ils appréhendent la fameuse question : « Qu'est-ce que vous faites dans la vie ? », à laquelle ils préfèrent souvent répondre par un « Je suis entre deux boulots » certes flou, mais qui leur paraît moins embarrassant que la vérité brute... La façon dont le conjoint vit cette période d'inactivité compte aussi beaucoup. C'est un moment où le couple est plus que jamais en déséquilibre.

Burn-out, harcèlement, souffrance au travail... Il faut du temps pour prendre conscience du malaise. Quels signes doivent alerter ?

Quand les mots ne sont pas là pour le dire, le corps parle. Migraines, maux de dos, maux de ventre, fatigue chronique, troubles du sommeil... sont des somatisations fréquentes qui tirent le signal d'alarme. Quand ils ne sont pas bien décodés, ils peuvent aboutir à des états dépressifs plus ou moins sérieux qui ne laissent plus le choix et imposent un coup d'arrêt. Les patients que j'ai rencontrés qui souffraient ou avaient souffert de burn-out posaient sur leur vie professionnelle un autre regard : il y avait un avant et un après. Anéantis par la fatigue et la souffrance morale, ils avaient pris conscience de l'absurdité du système et étaient tentés de le remettre en question parfois radicalement. Je pense à ce jeune homme, employé d'une grande banque d'affaires, qui se voyait tout plaquer et partir vivre dans un refuge à la montagne. Bien sûr, il y avait chez lui le besoin impérieux de se protéger et de fuir le danger. Sans tomber dans des attitudes aussi radicales, une réflexion profonde s'enclenche sur le rapport au travail. Parfois, c'est l'intervention d'un tiers qui assiste à la débâcle – conjoint, nouveau collègue, ami, psy, avocat... – qui aide celui qui a le nez dans le guidon à prendre de la distance et à retrouver sa capacité de jugement. Ce peut être aussi un événement comme la naissance d'un enfant ou le décès d'un parent : l'attention étant déplacée sur quelque chose d'essentiel, les priorités changent et les exigences surdimensionnées de son patron ou sa propre soumission au travail peuvent apparaître complètement inappropriées...

Dans notre société où la rentabilité semble primer, le moment de la retraite n'est-il pas plus difficile à vivre qu'avant ?

Le retraité voit souvent arriver avec soulagement ce moment où il va pouvoir profiter de la vie sans travailler, en percevant le fruit de ses cotisations ! La retraite sonne la fin de l'activité professionnelle réglementée et ne comporte pas le côté injuste et humiliant de la mise au chômage, qui vient comme une sanction. Mais elle signale une étape irréversible qui n'est pas non plus agréable et facile à accepter : on passe du côté des « seniors », dans le camp des inactifs, pour laisser la place aux jeunes. Comme toute phase de transition, c'est un moment de vulnérabilité qui, même s'il était très attendu, ainsi qu'on le verra dans un témoignage, est souvent marqué par un affaiblissement du lien social, un isolement, qui peut entraîner un sentiment d'inutilité, une période de déprime, voire de dépression. Tout dépend évidemment de la place qu'on a accordée au travail dans sa vie. Dans le cas d'une vie professionnelle très investie – où cette dernière était source d'une grande satisfaction, où la personne s'est identifiée à son métier, quitte, sans le vouloir, à s'y perdre –, la retraite peut être vécue avec beaucoup d'ambivalence. Tout à coup, il va falloir occuper tout ce temps libéré, qui peut laisser un sentiment de vide. Les premiers mois sont souvent difficiles et ce lâcher-prise forcé peut entraîner toutes sortes de conséquences comme le laisser-aller – qui se matérialise parfois par le fait de trop manger et trop boire –, la maladie – car, là encore, le corps s'exprime – ou les idées noires. Heureusement, beaucoup arrivent à optimiser sans tarder, et à faire des projets qui leur ouvrent de nouveaux horizons. Le travail remplit tellement nos vies qu'il est propice aux attentes, aux excès, aux idéalisations, aux frustrations… Il n'est pas anormal, parfois, de se laisser prendre au piège et d'être guetté par des situations aliénantes. Le tout est de parvenir à en sortir et à trouver un nouveau souffle.

Grégory, 43 ans, cadre dans l'immobilier, en couple

« J'ai fantasmé une relation bon père-bon fils. »

Je venais de terminer ma licence quand mon père est mort brutalement d'un infarctus. Il avait 51 ans et était concessionnaire d'une marque d'automobiles. C'était un sanguin, qui piquait de grosses colères quand on le contrariait, qui picolait pas mal aussi, surtout depuis qu'il s'était séparé de ma mère. Je suis tout le contraire de lui. Je déteste les excès. J'ai besoin de calme et j'aime les gens mesurés... Quand un de ses bons amis, Christian, qui dirigeait une boîte d'immobilier, m'a proposé de venir travailler dans son équipe, j'étais heureux. Contrairement à mon père, il ne la ramenait pas, il était sobre, dans son apparence et dans son comportement. Son entreprise était en plein essor et il avait déjà une vingtaine de collaborateurs.

Pour ce premier boulot, j'étais plein d'enthousiasme et je ne voulais surtout pas décevoir Christian. Je me suis donc mis à travailler. Il était convenu que, pour commencer, j'aurais un salaire très modeste, avec un complément en fonction de mes résultats. Je trouvais cela normal. À 24 ans, j'habitais encore avec ma mère et ma sœur, je n'avais donc pas beaucoup de charges. Le travail me plaisait. C'était de l'immobilier d'entreprise, de grosses affaires, difficiles, mais avec le soutien de Christian j'apprenais vite. Il m'encourageait, en me disant que j'étais fait pour ce boulot et qu'il envisageait de me prendre rapidement comme associé. Il m'emmenait souvent en rendez-vous. Cela me donnait confiance car je l'admirais beaucoup. Son aspect sérieux, marié, père de famille responsable – il parlait souvent de ses trois enfants –, me rassurait. C'était une figure paternelle et positive, qui tombait sûrement à point nommé, car la mort de mon père m'avait bien secoué et j'avais la nostalgie d'un lien qui non seulement était difficile mais en plus s'était interrompu. Au bout d'un an, avec les bonus, je gagnais bien ma vie. Cinq années ont passé, mais je n'étais toujours pas associé. Christian voyageait beaucoup, était de moins en moins là. Quand nous nous voyions, il continuait à m'encourager. Je travaillais comme un dingue, je voulais absolument être le meilleur, l'indispensable, et j'y arrivais. Tout du moins, je le croyais ! Je me rends compte a posteriori que j'étais comme un petit garçon qui attend les bons points, les compliments, les récompenses. Côté vie privée, c'était moins brillant. J'avais du mal à m'investir dans des relations stables et la seule copine avec laquelle j'avais pensé m'installer m'avait finalement quitté pour un autre. Cela faisait huit ans que je travaillais pour Christian. Le bruit courait dans la boîte qu'il avait une liaison avec une collaboratrice du bureau de Bruxelles. Je ne donnais pas prise à ces rumeurs qui ne collaient pas avec le personnage que je connaissais ou plutôt que je croyais connaître.

Après dix ans de travail acharné, je n'étais toujours pas associé. Je n'avais pas loin de 35 ans, je commençais à m'impatienter. J'ai pris mon courage à deux mains et je lui ai demandé un rendez-vous. Je me souviens de ce jour comme si c'était hier. Christian, toujours aussi imperturbable, m'a annoncé que je ne serais jamais son associé et qu'il allait vendre la boîte à un des partenaires étrangers ! Il a pris tout à coup, à mes yeux, le visage du pire des malfaiteurs. Je me sentais floué, trahi, cocu. J'étais sans voix. C'était comme dans un mauvais film. Et comme dans un mauvais film je suis tombé malade. Une hernie discale qui m'a immobilisé trois mois ! Trois mois payés à rien faire... c'était peut-être une façon de me réparer. Cela m'a permis de réfléchir en tous les cas. De me rendre compte que j'avais mis beaucoup trop d'affects dans cette relation de travail. Je l'avais vécue comme une relation bon père-bon fils, purement fantasmatique. Car, si Christian m'avait mené en bateau pour l'association, qu'il m'avait sans doute un peu manipulé en s'occupant de moi d'une façon sans doute privilégiée, il ne se prenait pas non plus pour mon père et restait à sa place de patron. Je m'étais ligoté tout seul avec mes projections. Cette expérience m'a endurci et m'a appris beaucoup sur moi. J'ai été repris avec la boîte, mais au bout de huit mois, je suis parti ailleurs. En laissant mes valises ! Et pourtant, en croisant Christian, plus d'un an après mon départ, je me suis surpris à ressentir une boule dans le ventre...

*

Qu'est-ce qui se joue, dans l'histoire de Grégory ?

Grégory commence sa vie professionnelle au moment de la mort de son père. Il n'est pas étonnant que ce jeune homme, secoué par ce deuil essentiel, privé d'appui, et frustré par une relation père-fils décevante, ait projeté sur ce patron des émotions intenses. Il y a chez Grégory une attente de reconnaissance de la part de quelqu'un qu'il admire et qui représente une figure paternelle idéale qui lui a fait défaut. Il met, à son insu sans doute, énormément d'affects dans une relation professionnelle qui devrait rester plus distanciée. Il n'est pas sûr que Christian le manipule sciemment. On peut plutôt imaginer que son tempérament sobre, réservé, pragmatique, loin de tout affect dans une relation de travail, ne lui a pas laissé entrevoir ce qui se jouait entre ce jeune collaborateur et lui. On nage en plein malentendu. Il semble que Grégory ait été captif de ses propres fantasmes, de ses projections, de ses attentes idéalisantes. Il devait sans doute en passer par cette case-là pour devenir adulte et se dégager de l'ombre de son père. Cette étape douloureuse mais importante a toutes les chances de le faire repartir du bon pied.

Cécile, 35 ans, assistante de production,
célibataire, un enfant

« J'étais disponible 24 heures sur 24. »

Je l'ai rencontré à 22 ans, je venais de terminer mes études. Je n'avais eu que des stages et des boulots précaires. Il était considéré comme le meilleur photographe de sa génération dans les grandes productions et mises en scène de spectacles musicaux. C'était quelqu'un de brillant, cultivé, qui avait une autorité naturelle sur ses équipes, et que tout le monde, du technicien au metteur en scène, respectait. Il était plutôt sombre, taiseux, mais efficace et talentueux. Autant dire que, quand j'ai commencé à travailler avec lui, j'étais motivée. Il avait une façon particulière de faire travailler son équipe : on était comme des pions, chacun avait son rôle, mais la règle était que tout devait passer par lui. Sur le plateau, interdiction de communiquer avec qui que ce soit d'autre que lui.

Peu à peu, il m'a donné de plus en plus de responsabilités. Il me laissait travailler sans lui sur de grosses productions, même si je n'avais le droit de prendre aucune initiative. C'était une sécurité énorme, en tant qu'intermittente, puisqu'il me donnait du travail en continu. Mais j'avais très peur que ça s'arrête : comme il ne me donnait jamais mon planning, j'étais toujours en alerte. À l'époque il n'y avait pas les portables, donc je me disais : si je sors et qu'il m'appelle, c'est foutu ! Et c'était comme ça 24 heures sur 24, 7 jours sur 7.

Puis je suis tombée enceinte. Je ne parlais jamais de ma vie privée, car je savais que celles qui l'avaient fait s'en étaient mordu les doigts. J'ai accouché en juillet et j'ai repris en septembre. Il m'appelait chez moi et quand il entendait pleurer mon fils, il prenait un ton exaspéré et coupait court, me laissant plus anxieuse que jamais. C'est là que j'ai décidé de consulter un psy. Je me couchais en pensant à lui, je me réveillais en pensant à lui, j'étais mal tout le temps ! Au bout de quatre ans, j'étais devenue son assistante directe, les autres ayant été dégagées. Là, cela pouvait être des messages à 3 heures du matin... Mais jamais un compliment. En revanche, il me responsabilisait de plus en plus, car il était débordé, acceptait trop de projets, commençait à être à la limite du burn-out. J'étais donc le plus souvent en première ligne, mais mon salaire n'avait pas bougé pour autant. Dans une entreprise, on peut aller voir le DRH ; là, mon employeur et seul interlocuteur, c'était lui. Donc, ma seule solution, c'était d'arrêter de travailler pour lui, avec le risque de ne plus avoir de boulot du tout. Cela me faisait une peur bleue, d'autant que je me séparais du père de Noé et que j'avais besoin de gagner ma vie. Pourtant, au fond de moi, je savais que pour me sortir de cet enfer il fallait que j'arrête !

C'est ma psy qui, voyant mon état et mon incapacité à réagir, m'a incitée à lui parler, quitte à lui mentir ! Je lui ai donc dit que le père de Noé partait pour l'étranger et que je récupérais sa garde à plein temps. Ce n'était plus compatible avec cette façon de travailler. Ça a coïncidé avec le moment où il est tombé malade. Ça m'a sauvée. Il a disparu.

Je pensais que toutes les productions me laisseraient tomber, mais non : je n'ai jamais cessé de travailler et j'ai même découvert qu'on pouvait le faire dans la confiance. Je ne l'ai jamais revu, j'aurais aimé qu'il s'excuse, mais il ne m'a jamais reparlé, comme si ces huit ans n'avaient jamais existé. Tout cela n'avait aucune importance tant j'étais soulagée ! J'avais l'impression de respirer à nouveau. C'était une véritable renaissance.

Avec le recul et ma thérapie, j'ai pu faire un lien entre ma fascination asphyxiante pour cet homme et mon père, son contraire : un homme peu affirmé, plein d'amour mais dépressif, doutant de tout, et qui ne m'avait jamais appris à être forte et entreprenante. C'était un apprentissage, mais qui m'a quand même coûté très cher...

*

Le témoignage de Cécile montre bien à quel point l'idéalisation peut empêcher d'avancer sur son propre chemin...

Cécile est comme une groupie. Son patron, c'est tout ce qu'elle admire. Le top dans son domaine. Certains univers créatifs – l'art, mais aussi les médias, la pub... – suscitent évidemment davantage ces attitudes d'admiration excessive, parce que le talent – qui se travaille, bien sûr, mais est aussi fait de quelque chose d'inné – est impartageable. On ne peut que s'en imprégner et espérer profiter de cette lumière. Cécile prend cette expérience comme une chance inespérée de recevoir un enseignement du maître. Mais le prix à payer est le dévouement absolu. Son chef peut tout exiger, puisque le côtoyer est déjà un privilège. Mais quand le modèle profite de son pouvoir, il risque de se transformer en gourou, avec des possibilités de manipuler à l'infini. Là encore, on trouve chez Cécile une personnalité au narcissisme un peu fragile. Son histoire familiale, la figure de son père, un homme doux et dépressif, ne lui ont pas permis, à l'aube de ce premier travail, d'acquérir confiance et assurance. Elle travaille en plus dans un contexte peu sécurisant où l'emploi est précaire. Il y a donc chez elle la peur de se retrouver sans travail, donc sans argent, et le sentiment d'avoir la chance d'être à une place rare et précieuse. L'autre en abuse, avec une toute-puissance quasi pathologique. À la limite de la perversion, il considère Cécile comme sa chose et ne fixe aucune limite à ses exigences. Cécile s'est sentie prise au piège de ces manipulations, et a heureusement eu l'intelligence de demander de l'aide pour s'extirper d'une situation sans issue et malsaine, afin de continuer sa vie professionnelle librement.

Julia, 47 ans, responsable commerciale, mariée, trois enfants

« Je me suis donné la mission de sauver la boîte. »

J'avais tout juste 30 ans quand j'ai intégré l'entreprise de mon oncle. Après cinq ans dans les cosmétiques, j'en avais assez des ambiances agressives où tout le monde se tirait dans les pattes. Je vivais avec Matthias depuis deux ans, on projetait de se marier, d'avoir des enfants... Alors, quand mon oncle m'a proposé de travailler dans son entreprise de prêt-à-porter, j'ai tout de suite accepté. J'adorais le secteur, le côté entreprise familiale m'attirait, ses filles – mes cousines – qui travaillaient avec lui avaient l'air de s'y plaire. Je connaissais peu mon oncle, mais j'aimais ce qu'il représentait : un homme bon, honnête, engagé, à l'image de la famille de ma mère, que j'ai toujours admirée. En fait, cette boîte, c'était tout ce à quoi j'aspirais à l'époque : des gens enthousiastes, impliqués, qui travaillaient en famille à construire une entreprise dynamique, dans le respect de l'équilibre de vie de chacun. J'étais fière d'apporter ma pierre à l'édifice !

Pendant deux ans, ça a été le paradis sur terre. Je travaillais dur, bien sûr, car le métier était exigeant : j'étais commerciale, j'avais des objectifs à atteindre. Mais j'y arrivais bien et mon oncle me valorisait. On avait construit une jolie relation, dans le respect mutuel, la communication, la bienveillance. Quand je lui ai annoncé, au bout de dix-huit mois, que j'étais enceinte, il était fou de joie ! J'ai travaillé jusqu'au bout, et je suis partie en congé maternité en toute sérénité. Jules est né, j'ai profité à fond de ce grand moment de bonheur et quand il a eu 3 mois je suis retournée au boulot. Ça a été un peu difficile : il a fallu que je me remette dans le bain, que je relance la machine, d'autant plus que j'étais payée en grande partie à la commission, et que j'avais maintenant des frais de garde pour Jules. Mais au bout de quelques mois, j'étais à nouveau à flots! C'est à ce moment que mon cousin Richard m'a invitée à déjeuner et m'a annoncé qu'il allait reprendre la boîte de son père, qui partait à la retraite. J'ai pris cette nouvelle avec enthousiasme : Richard était un type bien, dans la lignée de son père.

Les premiers mois se sont plutôt bien passés. Jusqu'à ce que mon oncle meure brutalement d'une crise cardiaque. J'ai ressenti une immense douleur. Comme si je perdais mon propre père. Et alors que Richard et ses sœurs ont arrêté de travailler une bonne quinzaine de jours pour s'occuper des affaires de leur père, moi, je suis partie au combat. Il fallait que je tienne la boîte, que je sauve la vie de tous ! Je me suis donc investie comme une malade, en mettant de côté ma propre peine. C'était ma mission. Seulement voilà : quand mes cousins sont revenus, ils n'ont rien manifesté de spécial à mon égard, et j'ai eu une désagréable impression. Mon implication leur avait semblé normale car j'étais de la famille. Mais ils n'avaient pas pris en compte ma douleur à moi, car je n'étais que la nièce.

Deux mois après, j'ai commencé à avoir des bouffées de chaleur, de la tachycardie, des maux de ventre. Mon corps exprimait ainsi le malaise que ma tête ne voulait pas reconnaître. Six mois après la mort de mon oncle, j'ai signé un énorme contrat qui a permis à la boîte de se développer considérablement. À moi toute seule, j'ai fait 50 % du chiffre d'affaires de l'année, alors qu'on était douze commerciaux ! Mais là encore, aucune réaction particulière de la part de mon cousin. Je sentais que quelque chose n'allait pas, mais je ne voulais toujours pas me l'avouer. Jusqu'à ce que je reçoive ma fiche de paye : alors que je venais de signer le plus gros contrat de l'histoire de la boîte, j'étais en négatif au niveau de mes commissions, et je devais de l'argent à la boîte. Je suis allée voir Richard qui m'a prise de haut et m'a expliqué froidement que, lors de mon congé maternité, son père s'était trompé, et qu'il ne faisait que régulariser la situation. J'étais atterrée. Je commençais à comprendre que Richard me manipulait... J'en ai eu la confirmation quelques jours plus tard, en discutant avec l'un des commerciaux. Richard lui avait parlé de moi en lui disant : « Tu sais, Julia, je l'ai sortie du ruisseau. » Jamais de ma vie je ne m'étais sentie aussi humiliée ! Je n'ai pas fermé l'œil de la nuit et, quand j'ai voulu me lever le lendemain, j'avais le dos bloqué. Impossible d'aller travailler pendant quinze jours. Mon médecin m'a dit : « Vous en avez vraiment plein le dos ! »

J'ai appelé une amie, qui m'a donné le numéro de son psy, et j'ai commencé une analyse. Sur le moment, je ne faisais pas du tout le lien entre mon mal-être et mon boulot. Peu à peu, j'ai dépassé le déni pour entrevoir la réalité... J'ai réalisé que je n'avais pas fait le deuil de mon oncle, qui était un substitut paternel. J'ai compris que mon cousin m'avait ôté tout le pouvoir de décision que son père m'avait donné, et qu'il m'utilisait en tirant sur la corde familiale. Finalement, sous l'emprise de mon éducation judéo-chrétienne, je m'étais complètement oubliée. Moi qui avais été élevée dans l'idée que, si on restait en famille, il ne pouvait rien nous arriver, je me retrouvais ligotée par ces liens... Tout mon schéma de construction s'écroulait ! Ma grande chance a été de tomber à nouveau enceinte à ce moment-là : cette grossesse m'a permis d'imposer mon rythme sans culpabilité. J'ai ainsi demandé à travailler chez moi un jour par semaine, pour éviter les trajets. Et Richard a fini par me l'accorder. En râlant, mais je m'en fichais. Désormais, je n'avais plus besoin de son approbation. Et puis Manon est née, adorable petite fille qui m'a comblée de bonheur. Le congé maternité m'a donné la liberté de casser le lien avec le quotidien du boulot, et permis d'échapper au burn-out.

Juste avant mon retour officiel, je suis allée voir Richard, décidée à le manipuler à mon tour. La boîte allait très mal, et je lui ai proposé de négocier mon départ. Il a accepté, mais j'ai dû batailler des mois, et faire intervenir ma mère, pour récupérer les mille euros qu'il m'avait accordés en guise de prime pour mes années de bons et loyaux services. Si cette expérience m'a rendue plus forte, elle m'a surtout permis de prendre ma part de responsabilité dans l'histoire : en tant que « gentille », qui voulait toujours faire en sorte que les personnes autour de moi se sentent bien, j'étais toute prête à être victime. Je n'ai pas eu envie de changer cette gentillesse, mais je suis devenue vigilante aux signaux d'alerte. Désormais, quand je sens que quelqu'un prend le pouvoir sur moi et que je commence à perdre ma liberté, je réagis immédiatement, pour ne pas me laisser engloutir.

*

Julia choisit de rejoindre l'entreprise de son oncle car ses valeurs familiales lui conviennent. À sa mort, elle s'impose de « sauver la boîte » sans qu'on ne lui ait rien demandé. Quelle est la problématique ?

Julia avait trouvé, dans son oncle, un modèle de réussite à la fois familial et professionnel. L'intérêt qu'il lui a porté, la confiance qu'il lui a accordée ont renforcé sa confiance en elle. Elle est portée par ce regard valorisant, comme la petite fille se renforce du regard bienveillant et valorisant de son père. À sa mort, elle semble s'identifier à lui et se sent investie de la mission de porter l'avenir de l'entreprise. Elle est sans doute aussi dans une rivalité inconsciente avec ses cousins : en prenant cette place, elle devient « l'héritière » désignée par son oncle. Elle se conforte dans la place de la « préférée », qui pourra faire aussi bien, et qui donc, au-delà de sa mort, gardera avec le « patriarche » ce lien privilégié. Mais Julia semble oublier qu'elle n'est pas seule, qu'elle n'a pas les pleins pouvoirs, que ses cousins sont au moins aussi légitimes qu'elle dans l'entreprise. Richard voit d'un mauvais œil ce désir d'omnipotence de sa cousine, qui avait toute la confiance de son père, de façon excessive ou injuste pour le fils qu'il était. On voit que les liens familiaux chargés d'affects, les rivalités ont dicté des comportements irrationnels. Julia est sortie brutalement de ce mythe d'harmonie qu'elle avait pensé trouver dans l'entreprise familiale et a ressenti un grand sentiment d'injustice devant l'absence de reconnaissance qui a suivi la mort de son oncle. Grâce au travail qu'elle a entrepris sur elle-même, elle a admis sa part de responsabilité dans l'histoire : en voulant toujours être la « gentille petite fille parfaite » qui sauverait le monde (en l'occurrence l'entreprise), elle s'offrait aussi en victime. Elle a opté pour la seule solution possible, qui consistait à partir, car elle ne serait jamais sortie gagnante de ce combat des chefs. Il aurait été vain pour elle d'espérer retrouver chez son cousin le regard bienveillant, paternel et valorisant de son oncle qui lui avait donné des ailes et lui avait laissé croire qu'elle était sa digne héritière !

Sophie, 27 ans, consultante en stratégie, célibataire

« J'ai été harcelée. »

Je suis arrivée à San Francisco excitée et heureuse. Après quelques mois de recherche de travail, j'avais décroché cette place dans une agence de conseil en stratégie – exactement ce qui m'intéressait, et plusieurs de mes amis travaillaient déjà sur la côte ouest.

C'était une agence allemande. J'avais été recrutée par un des associés, un Américain qui avait été convaincu par mon CV, mais je ne travaillais pas directement avec lui. J'étais dans l'équipe de son assistante : 45 ans, le genre belle femme à qui tout réussit, dégageant une forte autorité. Quand j'ai commencé à travailler avec elle – « pour elle », devrais-je dire ! –, elle m'a tout de suite donné beaucoup de dossiers, mais elle ne faisait pas particulièrement attention à moi. Pourtant j'ai vite senti qu'elle faisait régner une ambiance très tendue dans l'équipe, qui comptait quinze filles pour deux garçons. Ils avaient tous l'air terrorisé et quand ils avaient besoin de quelque chose, ils passaient par son assistante. À ce moment-là, elle avait une cible privilégiée : une Française comme moi, qui était, disons, « bien enveloppée ». Elle disait bien fort qu'elle n'aimait pas les gros car « ce sont des gens qui se laissent aller... ». J'étais très choquée de l'entendre parler ainsi. Cette fille, qui par ailleurs était bien dans sa peau, en a eu marre et est partie. J'ai appris qu'elle n'était pas la première à claquer la porte !

J'étais là depuis deux mois, contente de mon travail, mais déjà bien stressée, quand ma boss a commencé à s'en prendre à moi. J'avais l'impression que tout ce que je disais l'insupportait. Elle levait les yeux au ciel. Parfois, elle disait dans mon dos « Je me demande si Sophie n'est pas complètement idiote », suffisamment fort pour que je l'entende quand même. Je commençais à être horriblement mal à l'aise. Elle me donnait une somme de travail gigantesque sans jamais un commentaire, mais surtout elle pouvait dans la même journée me dire « Tu devrais te reposer cet après-midi » et me donner du travail jusqu'à 2 heures du matin. C'était complètement incohérent. Parfois elle discutait de moi avec le boss qui m'avait recrutée pour savoir s'il fallait me garder. J'avais l'impression de voir deux parents qui se disputent autour de leur enfant. D'ailleurs, elle m'infantilisait complètement : elle me prenait carrément le bras et me secouait en disant : « Mais dis-moi si tu n'as pas compris ! » À une réunion, alors que j'avais osé faire une remarque, elle s'était adressée à moi comme l'instit face au mauvais élève, ironique : « Ah, mais voilà qui est intéressant Sophie ! » puis avait éclaté de rire, pour bien souligner ma bêtise. J'étais tétanisée, d'autant plus que c'était elle qui allait décider si la boîte soutenait ou non ma demande de visa ! En fait, elle était fascinée par la France mais détestait les Français. Elle-même avait été élevée en Allemagne par une mère et une grand-mère qui lui avaient toujours dit qu'elle était la plus belle et la meilleure. Et d'ailleurs elle avait parfaitement réussi. Les tensions sont montées, montées, jusqu'au jour du pot de Noël, où elle m'a collé tous les petits fours à faire ! Son argument : « Les Françaises font très bien ça ! » J'étais furieuse. Et pas du tout étonnée quand elle a refusé de verser les mille dollars qu'il fallait payer pour que j'obtienne mon visa. Résultat : j'ai dû rentrer en France.

Je suis partie écœurée de cette expérience, lessivée. Comme l'autre Française, j'aurais peut-être dû avoir le courage de partir de moi-même. Mais j'étais accrochée par ce travail dont j'avais rêvé. Et puis j'ai été élevée dans une famille où face aux épreuves on serre les dents ! Je crois que si cela m'arrivait aujourd'hui, je serais capable de claquer la porte. J'ai supporté cela une fois, c'est une fois de trop !

*

Dans le témoignage de Sophie, peut-on parler de harcèlement ?

Oui, on est dans une situation de harcèlement moral, tel qu'en parle Marie-France Hirigoyen, car Sophie est la cible exclusive de sa chef qui la rabaisse, la ridiculise, ironise sur ce qu'elle est. Elle n'a pas grand-chose à lui reprocher sur son travail, alors elle la malmène sur d'autres terrains, qui n'ont rien à voir avec le job, par exemple en exigeant qu'elle fasse tous les petits fours pour le pot de Noël, ou en se moquant ouvertement d'elle en réunion, parce qu'elle fait une remarque qu'elle juge ridicule. Il y a une vraie volonté de nuire, de casser, de rabaisser Sophie, qui, en plus, peut difficilement se défendre puisqu'elle est encore, au sein de l'entreprise, dans une situation instable. Elle n'est pas protégée par un contrat, une hiérarchie. Cela renforce le pouvoir de cette femme qui semble choisir ses cibles : toujours des jeunes femmes. Et pas n'importe lesquelles : celles chez qui elle perçoit le plus de vulnérabilité. Sophie est d'autant plus fragile qu'elle a très envie de ce travail qui la passionne, mais qu'elle doit, pour le conserver, obtenir son visa, alors que c'est sa chef qui suit le dossier ! Elle est franchement captive ! La cible précédente était une jeune femme en surpoids ; la chef « n'aime pas les gros » : on est carrément dans la discrimination. Sophie a la malchance de rencontrer pour ce premier travail une « chef » qui n'a aucun respect humain, aucune empathie. Un « adulte tyran », pour reprendre l'expression du psychologue Didier Pleux, qui renforce un narcissisme déjà exacerbé en exerçant son pouvoir sur ses subalternes à sa merci. On comprend sa souffrance, son amertume, sa colère. Il faut qu'elle entende qu'elle n'y est pour rien, mais qu'elle a simplement eu la malchance de rencontrer une de ces personnalités perverses qu'il ne fait pas bon croiser sur son chemin. Mais elle saura désormais les reconnaître…

Anne, 39 ans, commerciale dans une start-up, en couple, un enfant

« J'ai vécu un chantage affectif pendant quinze ans. »

C'était mon premier boulot. À 23 ans, la petite provinciale que j'étais quittait enfin Lille pour monter à la capitale. J'étais hypercontente. C'était une boîte familiale d'organisation de salons qui cartonnait à Paris, avec à sa tête Séverine et Didier, un couple super sympa, des collaboratrices – il n'y avait que des filles – considérées comme des membres de leur famille, une ambiance top... Bref, j'étais aux anges. Quand je suis arrivée, j'ai été effectivement très bien accueillie. On était toutes très jeunes et, le soir, on allait boire des verres, danser, s'amuser... Mes collègues, c'était mes amies. Et mes amies, c'était mes collègues. Et puis il y avait tout ce que nous offraient nos boss : les séminaires au ski, les soirées de Noël dans des grands restos, les apéros dans leur maison le soir...

Très vite, je me suis aperçue du fonctionnement familial de cette boîte : Séverine, c'était la maman. Elle avait 40 ans à l'époque, était très mère poule avec ses trois enfants, mais aussi avec son mari et avec les salariées de la boîte. Elle me mettait une écharpe autour du cou pour que je ne prenne pas froid, disait aux clients qu'elle me considérait comme sa fille. Didier, c'était le papa copain, qui nous offrait des clopes, nous sortait en boîte et, quand quelque chose n'allait pas, nous prenait entre quatre yeux pour recadrer les choses. Au début, j'ai vu ce couple comme un modèle papa-maman : ils m'avaient donné ma chance, allaient m'aider à devenir quelqu'un.

Et puis, peu à peu, je me suis rendu compte que quelque chose n'allait pas. Chez Séverine, surtout. Alors qu'au début elle m'avait maternée, mise dans la confidence – boulot ou perso, mais toujours sous le sceau du secret ! –, j'ai senti le vent tourner ; elle s'est mise à m'ignorer, à me mettre à l'écart. Moi, j'ai commencé à me demander ce que j'avais bien pu faire de mal. Et puis elle est redevenue charmante. Avec les années, j'ai compris qu'elle mélangeait tout, que pour elle, la famille, les amis, les salariés, c'était la même chose. Elle fonctionnait à l'affectif sur tous les tableaux, en soufflant, à sa guise, le chaud et le froid. Moi, j'arrivais à peu près à gérer. Et puis dans le boulot ça marchait très bien. Alors, j'ai supporté.

Les choses ont vraiment commencé à aller mal quand le couple de Séverine et Didier s'est mis à battre de l'aile. Pour se recentrer sur leur famille, ils ont décidé de partir en province, en revenant une fois par semaine à Paris pour la réunion d'équipe. Ils comptaient sur les anciennes pour manager les autres. J'étais là depuis déjà dix ans, je faisais partie de celles-là. Sauf qu'on avait été tellement infantilisées qu'on en était incapables, moi comme les autres ! En plus la crise était passée par là, le business devenait de plus en plus difficile, le navire prenait l'eau. Séverine et Didier se sont mis à nous envoyer dans les soirées business pour « faire la pute » – je pèse mes mots. Je me souviens encore du premier apéritif organisé au bureau avant l'une de ces soirées. J'étais arrivée en veste et pantalon, chic mais professionnelle. Séverine m'a dévisagée des pieds à la tête : « Ma chérie, mais tu ne peux pas y aller dans cette tenue, viens, je vais te rhabiller. » Elle a ouvert une valise pleine de jupes, m'en a fait essayer plusieurs avant de trouver celle qui, d'après elle, ferait de moi « une bombe ». « Là, personne ne pourra te résister. » Aujourd'hui, je réalise combien c'était horrible, et me demande comment j'ai pu me laisser faire... Mais je me sentais redevable. Pour sauver Séverine et Didier du divorce et de la faillite, j'étais prête à tout, comme un enfant qui fait tout pour que ses parents restent ensemble !

Malgré tous mes efforts, leur couple n'a pas tenu. On était toutes effondrées. Quand ils se sont séparés, Séverine a repris la boîte, a ouvert le capital aux managers et nous a proposé de racheter des parts. Je n'ai pas hésité une seconde. Je n'avais pas d'argent, alors j'ai emprunté. Séverine me disait : « C'est génial, tu fais partie de l'aventure, je compte sur toi, je te fais confiance à 200 %, on est une équipe de winners ! » C'est ainsi que je suis devenue directrice associée. Quand on arrivait chez les clients, elle me touchait la main et me lançait un regard complice en leur disant : « Vous savez qu'Anne est devenue associée ? » J'étais tellement fière ! Côté business, on continuait à perdre de l'argent, notamment parce que Séverine vivait sur la boîte. Ses vacances, les palaces avec ses amants, les restos étoilés... tout passait en notes de frais. Sauf que maintenant, j'avais accès aux comptes. Plusieurs fois, j'ai essayé de lui en parler, mais chaque fois elle niait, et, avec son don pour la manipulation, elle parvenait à me retourner le cerveau.

Ce qui m'a aidée à sortir de cet enfer, c'est une discussion avec l'une de mes collègues. Elle était arrivée il y a seulement trois ans et avait le recul dont je manquais. Elle m'a ouvert les yeux sur la perversion du système. Nous sommes allées voir un avocat ensemble : il nous a dit qu'on s'était complètement fait avoir, qu'il fallait absolument qu'on sorte de ce merdier. Et vite. J'ai alors commencé un double jeu : coachée par ma collègue, j'allais voir Séverine et lui répétais ce que l'avocat m'avait dit : que je voulais redevenir salariée, que nos rapports en tant qu'associées ne me convenaient pas... J'ai détesté cette période. J'avais l'impression de trahir maman. Avant chaque entrevue, j'étais malade physiquement, j'avais une boule dans la gorge, envie de vomir... Séverine me regardait, se mettait à pleurer, jurait sur la tête de ses enfants. Moi j'étais très mal, mais c'était le prix à payer. Elle avait voulu être une mère pour nous, mais elle était devenue une mère perverse, qui jouissait de nous voir divisées. Une mère maquerelle, prête à nous vendre pour subsister.

Finalement, je suis allée au bout et je suis sortie de l'association. Mais jusqu'à la dernière minute je me suis sentie coupable. Il a été douloureux de réaliser que j'avais été amoureuse de mon bourreau et que j'étais devenue dépendante de cet amour toxique. Le travail avec un psy m'a permis de comprendre que, pour arriver à m'imposer, il fallait que je coupe le cordon avec Séverine. Que je n'avais rien à me faire pardonner. J'ai compris, aussi, que cela venait de plus loin, que j'avais toujours été la petite fille modèle qui attendait les bons points, et que c'est ce qui m'avait liée à Séverine.

Depuis un an, j'ai commencé un nouveau boulot. Dans un nouveau secteur, le web, pour changer d'univers. J'ai l'impression d'être sortie de prison. Le matin je me lève de bonne humeur, je retrouve des collègues qui me parlent normalement. J'évite d'évoquer ma vie personnelle avec eux, pour ne pas trop entrer dans l'affectif. J'ai besoin de protéger mon espace vital. Ce genre d'expérience, ça construit, mais ça fragilise aussi. Aujourd'hui, je suis sortie physiquement de cette boîte, mais je ne pense pas encore avoir fait le deuil de cette histoire. J'ai tourné la page, mais pas encore refermé le livre. D'ailleurs, il y a quelques mois, Séverine a essayé de me joindre. Quand j'ai vu son nom s'afficher sur mon téléphone, j'ai senti mon cœur se serrer, comme si j'avais fait une grosse bêtise et que je venais de me faire choper.

*

Est-il fréquent, dans le milieu professionnel, de rejouer une problématique familiale ?

Dans l'entreprise, ou dans le travail en général, comme dans tout groupe social, on peut avoir tendance à reproduire des schémas familiaux. Dans cette histoire, cela va très loin. Séverine, « la chef », qui incarne la maman, ne semble faire aucune distinction entre relation affective et relation professionnelle. Comme, d'ailleurs, elle mélange dépenses privées et dépenses professionnelles ! C'est une femme qui n'a pas de limites claires. On ne connaît pas son histoire, mais on trouverait sûrement des clés pour comprendre le flou qui domine sa vie. Son attitude maternelle, chaleureuse, son accueil sympathique ont séduit Séverine qui, arrivant dans une nouvelle ville, redoutait probablement de se retrouver isolée. D'autant que Séverine et son mari Didier – dans le rôle du « papa copain » – pouvaient, à ses yeux, être des figures parentales rassurantes, absolument pas menaçantes. Il y a donc une rencontre malencontreuse qui va aboutir à tous les abus. On peut comprendre que l'on soit séduit par des relations que l'on juge humaines et qui font du bien, surtout quand on commence à travailler. Mais il faut se méfier de trop d'affects et surtout du mélange des genres. On est en droit et même on a le devoir de fixer des limites qui sont garantes de la liberté. Anne n'a pas compris tout de suite qu'en plongeant tête baissée dans le mode de fonctionnement de Séverine et de Didier, en n'en mesurant pas les excès, elle se ligotait à eux et allait peu à peu accepter des choses inacceptables, comme porter des tenues aguichantes pour séduire des clients potentiels ! Peu à peu elle sort complètement du cadre et ne le réalise vraiment que grâce au regard d'une nouvelle recrue, qui lui fait considérer la situation comme elle est, c'est-à-dire totalement extravagante et inadaptée ! Heureusement, Anne s'en sort bien, mais elle reste encore fragile et aura besoin de temps et d'expériences valorisantes avec des personnes bienveillantes pour pouvoir se sentir en sécurité.

Thibault, 42 ans, chef d'entreprise,
marié, trois enfants

« Le burn-out a failli me faire basculer. »

J'ai décidé de monter ma boîte de production audiovisuelle il y a dix ans, afin de pouvoir m'exprimer comme je le souhaitais. Dans les entreprises où j'avais travaillé auparavant, je m'étais souvent senti à l'étroit, empêché, freiné dans mon naturel. Alors je me suis lancé ! Les deux premières années ont été à la fois passionnantes et fatigantes, et puis ça a commencé à bien marcher. Mon but n'était pas que de faire du fric. Je tenais, au contraire, à rester dans le plaisir, à m'offrir le luxe de choisir les gens avec lesquels je voulais travailler. Plus que de la reconnaissance, c'est de la satisfaction personnelle que je recherchais avant tout, en conciliant réalité économique et relations humaines.

Un jour, l'un de mes amis est venu me proposer ce qui m'est apparu comme étant le projet du siècle : l'organisation d'une manifestation de grande envergure, alliant défi sportif et aventure humaine. Il avait besoin de quelqu'un pour monter le projet, trouver des sponsors. Nous avions déjà partagé des expériences professionnelles qui s'étaient révélées positives : il a pensé à moi. De nature passionnée, je me suis tout de suite enflammé. D'autant qu'en plus de la stratégie et de la production, j'aurais à être présent sur place pendant toute la durée de la manifestation, ce qui voulait dire emmener ma femme, qui travaillait avec moi, et nos deux enfants encore petits faire le tour du monde pendant un an. C'était le rêve, le fantasme complet ! J'avais la réalité de mon entreprise d'un côté, ce projet incertain de l'autre... je me suis investi dans ce dernier. Non seulement j'aimais les horizons qu'il m'ouvrait, mais j'adorais aussi mon copain, un sportif de haut niveau, sympa, chaleureux... Un mec au top avec qui j'aimais passer mes journées ! C'était rassurant pour moi d'être son compagnon de route. Je ressentais un mélange de plaisir et de chance à travailler avec lui. On était bien !

Pendant deux ans et demi, j'y ai mis toute mon énergie. J'étais très peu payé, mais j'y ai consacré le plus de temps possible, freinant mon investissement vers d'autres clients. À titre personnel aussi, c'était un investissement : ma femme s'occupait des enfants le soir et le week-end pendant que j'étais sur mon ordinateur. Et au bout du compte, on y est arrivés, on a trouvé les financements. Le projet allait devenir réalité ! J'étais fou de joie. Seulement voilà : j'étais loin de m'imaginer que, pendant ce temps-là, mon « ami » était en train de chercher une autre boîte, de plus grande envergure, pour poursuivre immédiatement l'aventure ailleurs...

Je me souviendrai toute ma vie de cette fin d'après-midi où il est venu me voir au bureau. Quand je lui ai ouvert la porte, j'ai tout de suite senti dans son regard que quelque chose n'allait pas. Il m'a dit qu'il voulait faire un point sur le projet et a commencé m'énumérer tous les postes sur lesquels je ne serai pas... c'est-à-dire presque tous. Mal à l'aise, il s'adressait à moi sans me regarder dans les yeux. Il m'a dit que j'étais trop cher, et qu'il me gardait seulement en tant que consultant pendant un an. C'était une manière de me dire au revoir. Moi, je me suis effondré. Mon corps n'a pas tenu, j'ai éclaté en sanglots comme un enfant et je lui ai demandé de partir. Tout ce que j'avais projeté, imaginé, rêvé depuis presque trois ans s'écroulait. Je me sentais abandonné, floué, humilié.

Les deux mois qui ont suivi ont été un enfer. J'étais déprimé, triste, je n'avais envie de rien. Étant mon propre boss, et accessoirement marié et père de deux enfants, je n'avais pas d'autre choix que de me lever le matin pour aller travailler. Mais j'étais englué dans ma tristesse. Et puis, un jour, mon corps m'a envoyé un véritable signal d'alarme. Un après-midi, alors que j'étais devant mon ordinateur, j'ai tout à coup été incapable de cliquer sur un fichier pour l'ouvrir. Je ne parlais pas, je ne bougeais pas, je ne réagissais pas. J'étais paralysé. J'ai mis deux ou trois heures à faire le geste qui aurait dû me prendre une seconde. Mon corps refusait de répondre. Quand il s'est remis en marche, j'ai pris mon téléphone pour appeler ma femme, qui m'a immédiatement envoyé voir une psy. Cette psy m'a écouté et m'a proposé une séance d'hypnose. J'avais l'impression d'être la caricature de l'urbain actif dont je me suis longtemps moqué ! Pourtant, cette séance a été cruciale. Suivant ses indications, je me suis transposé dans un lieu ressource, un endroit de mon cerveau dans lequel j'étais bien. En imagination, je me suis retrouvé dans le jardin de mon enfance : mon père tenait par la main un enfant de 8-10 ans de dos, qui se dirigeait vers une forêt. Pour moi, cette forêt représentait le monde des adultes et du travail. Dur, violent, amoral... Et mon père – qui était chef d'entreprise et dont j'avais toujours admiré l'humilité, la fiabilité, l'humanité – regardait l'enfant que j'étais encore partir s'y confronter. Là encore, je me suis effondré en larmes. Cette séance m'a permis de reprendre pied, de prendre conscience de l'angoisse qui m'habitait à l'idée de devenir adulte – dans le sens de perdre son enthousiasme, sa fraîcheur, devenir calculateur, arrêter de croire en ses rêves... Peu à peu, j'ai pu recommencer à travailler normalement, à chercher de nouveaux clients, à retourner voir les anciens pour leur expliquer. C'était il y a quatre ans. Aujourd'hui, je vais bien. Mais cette expérience difficile ne m'a pas empêché de connaître à nouveau la désillusion, dans un projet business pour lequel je devais m'associer avec ma sœur, cette fois, et qui a avorté dans la douleur, lui aussi. Avec du recul, je me rends compte que ces deux projets avaient des points communs : c'était de grandes aventures, dans lesquelles je m'étais investi tout entier, et que je partageais avec des proches qui en étaient les initiateurs.

Ces deux expériences ont certes été douloureuses, mais je ne les ai pas vécues comme des échecs. Le pire aurait été que j'y perde mon énergie d'enfant. J'adore l'enfance – la gourmandise, l'enthousiasme, la curiosité qui vont avec –, je veux préserver cela à tout prix, sans me laisser briser. De même que je veux continuer à bosser avec des gens que j'aime, ma femme, mes amis... Pour certains, le travail, c'est la guerre ; pour moi, c'est une part trop importante de ma vie pour que j'accepte de cloisonner. Aujourd'hui, j'ai réussi à garder cette énergie, et j'ai compris que les projets dans lesquels je devais m'investir, c'était les miens, et non ceux des autres dans lesquels je resterais toujours une pièce rapportée. J'ai eu la chance, grâce à ma femme et à la psy, de ne pas m'enfoncer dans le burn-out, ce qui aurait pu me coûter très cher. J'étais peut-être un peu trop mégalo, en fait... J'avais besoin de voir les choses en grand, je fantasmais mes aventures à travers des personnes que j'admirais. J'accepte aujourd'hui que des relations qui me sont toxiques se terminent, mais que d'autres, bénéfiques, évoluent ou naissent. J'ai surtout compris que mon grand projet, ça pouvait être moi, mon amour-propre, mon intuition, mon bien-être, mon équilibre. Aimer tout en m'aimant...

*

C'est pour répondre à ses aspirations de créativité que Thibault crée son entreprise, avant d'en devenir esclave...

Devenir son propre patron entraîne des contraintes ! Alors qu'ils recherchent la liberté, les entrepreneurs se retrouvent souvent ligotés par l'obligation de rentabilité et l'obsession de la réussite, d'autant plus tyrannique qu'elle ne dépend que d'eux. Thibault est un bon exemple des limites de la liberté quand on entreprend. Il n'y a pas trop de place pour les rêveurs, les idéalistes, les utopistes. Or il y a un peu de tout cela chez lui. C'est une personnalité entière, attachante, mais il est pris par sa fougue, il fait parfois des choix qui mettent son affaire en danger car les impératifs de la réalité contrarient ses projets chargés de fantasmes et d'affects. Il est rappelé à l'ordre par la raison et s'essouffle pour tenir le cap. Il bataille ferme pour aller là où son désir le porte, mais il y laisse des plumes. Hélas pour lui, mais sans doute est-ce aussi une chance, Thibault semble être un homme qui ne renonce pas facilement à ses idéaux. Il est un peu comme un adolescent qui adopte une conduite à risque mais qui parie qu'il est le plus fort et qu'il va échapper au danger. Il y a de la toute-puissance dans certains de ses choix, un acharnement un peu infantile à aller là où son plaisir le guide.

On comprend bien que pour lui être son propre maître est un rêve et on l'imagine mal coincé dans la hiérarchie d'une entreprise. Mais pour réussir comme il le mérite, Thibault devra probablement considérer plus lucidement une certaine réalité. Cela lui permettrait de prendre un peu de recul, de se dégager de ses fantasmes qui, finalement, le ligotent plus qu'il ne le croit. Loin de perdre de la liberté, il en gagnerait.

Mia, 41 ans, cadre dans une société d'assurances, mariée, un enfant

« J'ai dû prouver que je pouvais avoir un poste de responsabilité. »

J'ai été embauchée il y a trois ans en tant que directrice adjointe dans une grosse boîte d'assurances. Quand le président m'a recrutée, il m'a prévenue que ça ne serait pas facile : j'arrivais après un plan social, mon poste était une création, et l'idée était de succéder à mon boss, bientôt en âge de partir à la retraite. Mais je ne savais pas à qui j'aurais à faire ! Le ton a été donné dès le premier jour. J'attendais dans le hall. Mon boss est arrivé, et, sans me dire bonjour, s'est adressé à moi sur un ton glacial : « Vous m'avez été imposée. Si j'avais dû choisir quelqu'un, je ne vous aurais pas choisie. Vous semblez arriver en terrain conquis. Il ne vous aura pas échappé que j'ai trois mois pour mettre fin à votre période d'essai. » J'étais abasourdie. En dix-sept ans d'expérience professionnelle à des postes de responsabilité, jamais je n'avais été confrontée à une telle méchanceté gratuite. J'ai compris que ça allait être difficile. En plus d'être caractériel et autoritaire, cet homme de bientôt 60 ans était misogyne !

Les premiers mois ont été extrêmement violents. Il m'humiliait, me rabaissait. C'est le genre de type capable de se mettre à hurler ou de balancer ses dossiers en pleine réunion. Dès que je faisais le moindre geste sans lui en parler avant – répondre à un mail, quitter mon bureau cinq minutes parler à un collaborateur –, il me rappelait à l'ordre. En fait, il m'infantilisait complètement, et ne me laissait aucune place. C'était l'horreur. Je partais aux toilettes pour pleurer. À l'heure du déjeuner, j'essayais d'évacuer au maximum ma colère pour pouvoir assurer devant lui l'après-midi. Je me souviens aussi de ce dimanche pluvieux d'automne, trois mois après mon embauche, où il m'a envoyé un mail, avec copie au président, pour me reprocher point par point ce qu'il considérait comme des fautes professionnelles.

Quand je racontais cela à mes proches, ils me disaient de partir en courant. Mais je venais de me séparer du père de mes trois enfants, j'avais un crédit sur le dos… Et puis, mes parents m'avaient toujours appris à aller au bout des choses. Ils m'avaient toujours encouragée, dit que j'étais la meilleure… Et, ayant réussi jusque-là tout ce que j'avais entrepris, je ne voulais pas lâcher. En plus, je me sentais redevable vis-à-vis du président qui m'avait embauchée. Nous avions fait la même grande école ; s'il m'avait choisie, c'est parce qu'il savait qu'en tant qu'ancienne de cette grande école, je partageais les mêmes valeurs que lui. Je ne pouvais pas le décevoir. Je me sentais emprisonnée, écartelée entre cette méchanceté, la confiance du président, mes obligations familiales…

Alors, je me suis mise en mode survie, j'ai travaillé d'arrache-pied, sans attendre aucune reconnaissance de sa part. Peu à peu, les choses se sont apaisées… J'ai réalisé à cette occasion que, jusque-là, dans ma vie professionnelle, j'étais restée dans ma zone de confort. Mon intégrité, mon honnêteté, ma force de travail avaient toujours payé.

Mais, arrivée à ce niveau de responsabilité, ces qualités me desservaient. J'ai compris qu'à un moment, si l'on voulait vraiment progresser, on ne pouvait plus se contenter d'attendre de la reconnaissance. Qu'il fallait, pour imposer sa propre vision, et faire avancer l'entreprise, pouvoir prendre des risques, quitte à déplaire et à en décevoir certains. C'est l'une des raisons pour lesquelles, aujourd'hui encore, les femmes butent contre ce fameux plafond de verre qui sépare les cadres supérieurs – postes auxquels elles ont accès – du comité exécutif – qui reste l'apanage des hommes. Pendant longtemps, je suis restée dans le politiquement correct, j'ai accepté de fournir deux fois plus de travail que tout le monde, mais aujourd'hui j'ai compris que ceux qui imposent leur vision ne sont ni les plus travailleurs, ni les plus appréciés, ni les plus justes... Aujourd'hui, si mes relations avec mon boss restent très distantes et purement professionnelles, je suis la seule personne dans la boîte qu'il respecte. J'ai réussi à gagner sa confiance. Mais il n'aura jamais la mienne ! Dans un an, il part à la retraite, et je vais lui succéder. Cette expérience m'aura appris à m'affranchir du regard des autres.

*

Mia raconte qu'elle a eu plus de mal qu'un homme à s'imposer sur un plan professionnel...

Il ne faut pas faire de généralités, cela dépend des personnalités et des milieux professionnels... mais cela correspond encore malheureusement à une réalité ! Certaines femmes vont être confrontées à des situations où elles devront lutter et travailler deux fois plus que les hommes pour obtenir la reconnaissance qu'elles méritent. Mia ne capitule pas devant le comportement violent et injuste de son patron. Elle serre les dents et continue sa route avec une volonté farouche et une ambition légitime. Elle comprend aussi, à l'occasion de cette crise, qu'elle doit sans doute repenser sa façon d'être, un peu trop conciliante, un peu trop soumise, voire légèrement infantile, si elle veut être légitime et qu'on lui laisse prendre les responsabilités qu'elle est en mesure d'assumer. D'autres seront moins combatives. Sans doute encore pétries par l'idée longtemps dominante que les femmes sont nées pour servir, materner, soigner, être la «bonne mère», elles peuvent se résigner et même accepter des choses inacceptables. Je crois que les nouvelles générations qui ont toujours été, dans leur enfance comme dans leurs études, en compétition avec des garçons, seront plus résistantes. Elles ont clairement la volonté de ne pas se laisser marcher sur les pieds et de conquérir le pouvoir. On s'en réjouit. Il n'en demeure pas moins que, dans certains milieux professionnels – la politique par exemple, ou l'industrie –, il subsiste une ambiance machiste qui pousse les femmes à lutter pour obtenir les mêmes prérogatives que les hommes, en les obligeant à travailler et à supporter davantage pour «être à la hauteur». La mixité et la généralisation du travail des femmes ont fait bouger les lignes, mais il reste des choses à faire au niveau des responsabilités et des salaires.

Vincent, 48 ans, ébéniste, séparé, deux enfants

« Le chômage m'a permis de sentir le carcan dans lequel j'étais enfermé. »

Dans ma famille on ne s'est jamais posé la question des études : mon père était ingénieur, il avait fait une grande école, mon frère aîné aussi. J'étais bon élève, je suis entré en classe prépa et j'ai intégré l'École centrale. J'ai eu droit aux félicitations de mon père, mais sans plus. Tout cela allait de soi pour lui. Pour moi aussi.

Nos chemins se sont cependant éloignés car je me suis orienté vers la finance et la banque d'affaires. C'était un moment d'euphorie où, à 30 ans, on n'était pas surpris de gagner des fortunes et d'empocher des bonus astronomiques. J'ai rencontré ma femme à cette époque. Elle avait un parcours proche du mien et bossait dans une grosse entreprise. Nous étions l'exemple du jeune couple brillant, à qui tout réussit. Beaux, jeunes et presque riches... Nous travaillions comme des fous, nous étions grisés. Nos deux fils sont nés à deux ans d'intervalle.

Cette vie de fou – enfin, à l'époque, je ne le pensais pas – a duré dix ans. Et puis la crise est arrivée. Le milieu de la finance a été ébranlé. L'atmosphère dans les boîtes était irrespirable. On se savait tous sur des sièges éjectables et on regardait les têtes tomber. Le stress était énorme, on vivait au rythme des bruits de couloir, on devenait parano et le type avec qui on déjeunait tous les jours pouvait devenir le pire des ennemis. Je tenais le choc, comme une machine, mais je n'avais plus d'horaires, ni le soir ni le week-end. Au bout d'un an, mon tour est arrivé : licencié. C'était tellement prévisible que je n'ai pas mal réagi. Je crois même qu'au fond j'étais soulagé que ça tombe. Financièrement, j'avais le temps de voir venir. Le travail de ma femme n'était pas menacé, nous étions à l'abri du besoin. Mes parents, eux, se faisaient du souci. Pour mon père, se faire licencier, c'était presque une faute. En tout cas, une grave tache sur un CV jusque-là parfait à ses yeux. Il était d'une génération où l'on fait toute sa carrière dans la même entreprise, en grimpant les échelons. Il était arrivé au haut de l'échelle, je devais faire pareil.

Alors que tout le monde me pressait de retrouver du boulot, je ressentais le besoin de prendre mon temps, de réfléchir. Je réalisais que depuis dix ans je vivais dans un bocal au sein duquel tout le monde s'agitait sans savoir pourquoi. Moi avec les autres. J'avais besoin de reprendre mon souffle, de m'occuper davantage de mes fils qui allaient sortir de l'enfance sans que je les aie vraiment vus grandir. De m'occuper de moi, aussi. Avec cette vie de fou, je fumais trop, picolais pas mal : c'était l'occasion de me remettre au sport et de retrouver une hygiène de vie. C'était la première fois de ma vie que je m'autorisais à me poser des questions. Ça peut paraître bizarre, mais tout avait roulé tout seul, sans que je m'interroge sur le comment et le pourquoi. Même mon mariage avec Aline était une évidence.

Le changement de rythme, tout ce temps retrouvé et la méditation, que j'avais découverte par un ami qui la pratiquait avec bonheur, m'ont peu à peu laissé entrevoir d'autres désirs, d'autres ambitions... Sans savoir encore vraiment ce que je voulais faire, je comprenais déjà ce que je ne voulais plus. Je ne voulais plus de cette vie absurde à courir à perdre haleine après le fric, à manier des chiffres qui ne veulent plus rien dire. Je ne voulais plus de cet univers quasi virtuel qui vous fait perdre la boule. Quand je faisais part de mes réflexions à mes proches, je sentais bien qu'ils étaient perplexes. Mon père pensait que je faisais une dépression, mes amis se disaient que ça allait me passer. Quant à Aline, elle alternait entre compréhension et tension. Elle ne me suivait pas dans mon rejet d'un système qu'elle ne remettait absolument pas en question. Quand elle rentrait du bureau le soir, elle me scrutait d'un air anxieux pour voir si je m'étais « bougé », comme elle le disait de plus en plus souvent. Nous parlions beaucoup, mais nos discussions se soldaient souvent par des disputes. J'avais du mal à comprendre qu'elle n'adhère pas à mon désir de changement. Visiblement, elle n'aimait pas le Vincent que j'étais en train de devenir, alors que j'avais, pour la première fois de ma vie, le sentiment d'être moi-même.

J'avais des contacts et des rendez-vous pour retrouver du travail, mais j'étais très ambivalent dans mes recherches. En revanche, j'avais pris l'habitude d'aller aux puces pour chiner. Cet univers très différent du mien me fascinait... Là-bas, je me suis lié d'amitié avec un brocanteur, qui m'a présenté l'un de ses amis ébéniste. Je suis allé le voir travailler dans son atelier qui tournait à plein. Et là ça a été une révélation : ce travail artisanal et artistique à la fois, ce rapport fort et concret au bois, aux beaux meubles... Tout cela m'enthousiasmait ! Un travail lent, précis, efficace, qui changeait aussi le rapport au temps. Plus les mois passaient, plus ma conviction se renforçait que j'avais trouvé là ma véritable voie. Au bout d'un an et demi de tiraillements, d'hésitations, j'ai pris la décision de me former à l'ébénisterie. J'étais tellement heureux d'avoir osé prendre cette décision ! Grâce à mes contacts, à mes connaissances en gestion et à mon association avec un designer de renom, j'ai eu la chance que ça démarre rapidement. Évidemment, j'ai divisé mon salaire par trois, mais j'ai aussi révisé mes besoins à la baisse, sans aucun état d'âme.

En revanche, avec mes proches, ça a été le clash. Je passais du golden boy admiré de tous, à l'inconscient, voire au malade, qui devait absolument se ressaisir, se faire aider, *comme on dit pour ne pas dire « se faire soigner ». J'étais déçu de l'incompréhension de mes parents, mais pas franchement surpris. Ce projet de vie n'entrait pas dans leurs codes. Avec ma femme, le mur d'incompréhension est devenu infranchissable. Elle me voulait comme avant, était avide de réussite sociale. Nous nous en voulions terriblement l'un et l'autre et restions sur nos rails. Impossible de se rejoindre. Nous avons donc décidé de nous séparer, ce que nous avons fait à peu près correctement. Cela fait deux ans maintenant. J'ai complètement changé de vie, je me suis dépouillé de pas mal de choses sur le plan matériel, mais je n'ai aucun regret. La crise aura eu le mérite de me dégager de cette trajectoire toute tracée. La réussite pour moi n'était pas celle qu'on attendait.*

*

Il y a l'emprise du patron, des objectifs imposés, et aussi celle de la réussite, des carcans sociaux, comme on le voit ici...

Vincent est l'exemple de la réussite programmée : il a suivi les traces de ses aînés, déjà engagés dans un « parcours sans faute », selon leurs critères. Il a fait ses choix – ses études, sa femme, son boulot – sur ce modèle-là sans le remettre en question. La crise financière qui touche son secteur d'activité marque un coup d'arrêt et impose la réflexion. Elle est l'occasion pour lui de faire ce qu'il n'a jamais fait : interroger son désir. Jusque-là, sans en avoir conscience, il s'était contenté de suivre celui des autres. Or avec le temps et les rencontres, il découvre que son envie profonde n'est plus en adéquation avec celle de ses proches. Sa femme, ses parents le sondent pour savoir où il en est dans ses recherches, car ses proches attendent de lui qu'il rebondisse sans délai. Vincent va finalement trouver des réponses très éloignées des schémas connus, qui vont susciter de l'incompréhension, et créer, entre son entourage et lui, un fossé infranchissable. Sa femme notamment a le sentiment de vivre avec un étranger. Ce n'est pas de ce Vincent-là qu'elle veut. Elle l'a aimé auréolé d'une réussite sociale qui lui semble essentielle. Sans doute a-t-elle été séduite par ce qu'il promettait de devenir, c'est-à-dire un financier nanti de tous les attributs de la grande bourgeoisie. Comme toute crise, celle-là a fait bouger les lignes. Elle a permis à Vincent de se révéler à lui-même, lui a donné le sentiment d'une deuxième naissance, mais aussi profondément déstabilisé son cercle d'intimes, à commencer par sa femme. Vincent a fait le choix audacieux d'aller jusqu'au bout de son désir : il y a gagné en liberté intérieure, sans regret pour son confort antérieur.

Roger, 68 ans, retraité, marié, deux enfants

« J'ai mis du temps à me défaire des habits de l'homme actif. »

Parfois, après vingt-cinq ans dans la même entreprise de cosmétiques, quand je revenais d'un des nombreux voyages d'affaires qui ponctuaient ma vie professionnelle depuis quinze ans que j'étais directeur général, je me disais que j'avais hâte de pouvoir voyager... pour le plaisir ! L'âge de la retraite approchant, je me prenais à rêver d'une vie plus calme. J'avais envie de temps pour profiter de ma famille. Je n'avais pas vu mes enfants grandir, je me disais que je me rattraperais avec mes petits-enfants. L'aîné avait 9 ans, le dernier quelques mois ; j'avais bien l'intention de m'occuper d'eux davantage. Je les voyais le week-end, et quelques jours en vacances, mais je n'étais pas pleinement disponible, le portable à portée de main à consulter mes mails. Je rêvais de passer du temps dans ma maison du Sud-Ouest. J'imaginais aussi que j'aurais enfin le temps de lire tous les livres que je n'avais pas eu le temps de lire, que j'irais enfin voir les films que je n'avais pas vus, que je profiterais de mes amis que je voyais trop rarement – bref, que je rattraperais le temps perdu.

Et puis, le jour de la retraite est arrivé ! Un pot de départ avait été organisé en mon honneur. Éloges, distribution de cadeaux, j'étais ému mais heureux, car le bilan était positif.

J'avais vidé mon bureau, rendu mon portable professionnel, dit adieu à mes collègues et à mes assistantes qui, depuis des années, veillaient avec une gentillesse inouïe et beaucoup de professionnalisme sur toutes ces démarches quotidiennes que moi j'avais perdues de vue. Je laissais aussi derrière moi une voiture et un chauffeur. C'est donc presque les mains dans les poches que je suis rentré chez moi pour cette nouvelle étape de ma vie. Cette dernière étape, devrais-je dire, car prendre sa retraite c'est quand même la preuve concrète qu'on est définitivement passé de l'autre côté de la barrière ! On entre dans le rang des inactifs, ce qui m'a fait bizarre. Les semaines et les mois passant, cela m'a fait encore plus bizarre. J'avais le « boulot blues » ! Ce temps qui me manquait tant, je ne savais pas trop quoi en faire. Plus rien n'était programmé. Le programme, c'était à moi de le faire, et je réalisais que je ne savais pas. Ma femme avait sa vie, remplie d'activités culturelles et sportives, dans laquelle elle s'épanouissait avec bonheur et qu'elle n'avait pas l'intention de changer. Mes enfants menaient leur vie à leur guise, ce qui était bien naturel. Et puis, pour être franc, ce n'est pas eux qui me manquaient. C'était le téléphone qui sonne pour me demander mon avis sur telle ou telle décision, le problème d'Untel sur telle affaire que je pourrais résoudre, l'intervention auprès de tel dirigeant pour qu'une négociation aboutisse. Le silence était assourdissant. Je n'avais pas mesuré que, presque du jour au lendemain, j'avais perdu de ce pouvoir que je n'avais même plus conscience d'avoir quand je l'avais, et qui pourtant me constituait. Je ne savais pas à quel point il me conditionnait... En prenant ma retraite, je changeais d'identité. J'avais perdu mes repères, j'étais sans boussole. Bien sûr, je déjeunais parfois avec des copains, je jouais au golf de temps en temps, mais si cela me réjouissait un moment, cela ne me suffisait pas.

Peu à peu, je me suis assombri, je suis devenu irritable, ce qui a commencé à créer des conflits avec ma femme. Je me suis mis à boire plus, j'ai pris du poids. C'est mon généraliste qui m'a mis face à la réalité : je faisais une dépression. Je n'en revenais pas ! Jamais je n'aurais pensé que cela m'arriverait un jour, à moi ! Il m'a donné des antidépresseurs. J'ai accepté en râlant. Et, au bout de trois mois, j'ai dû me rendre à l'évidence : les médicaments avaient fait effet, j'allais nettement mieux, j'envisageais l'avenir avec plus de lucidité et de tranquillité. Mais on ne se refait pas : j'avais toujours été un homme d'action, il me fallait trouver une activité qui me plaise vraiment. Il était urgent que je sorte du cliché du gentil grand-père, qui ne me convenait pas, même si je conçois parfaitement que d'autres y trouvent leur compte.

J'ai repris une activité de conseil auprès de jeunes start-up. Ce n'est pas le rythme effréné d'avant, mais c'est bien, ça me plaît. C'est une étape intermédiaire pour tourner la page en douceur et rompre vraiment avec cet homme d'affaires que je ne suis plus. J'ai encore besoin d'un peu de temps, je crois, pour devenir un vrai retraité !

*

Le départ à la retraite, même très attendu, n'est pas un moment facile ?

Le départ à la retraite suscite des émotions intenses, souvent paradoxales. Il n'est jamais vécu en toute tranquillité, alors qu'il ne surprend personne : c'est en effet un moment daté, qu'on a tout le loisir d'anticiper. D'ailleurs on entend souvent dire : « Je prépare ma retraite. » Le temps de l'attente laisse libre cours à l'imaginaire, aux rêves. Un peu comme lorsqu'on attend un enfant. On le rêve, mais quand il est là bien réel, il est loin d'être l'enfant idéal qu'on avait imaginé. Quand on imagine la retraite, on fantasme ! Roger se réjouit à l'avance de revoir des copains, de passer du temps en famille, d'aller dans sa jolie maison de campagne… Tous ces plaisirs, qu'il imagine forcément le combler, dont un emploi du temps surchargé le privait. Et puis voilà qu'il sort du rêve et se confronte à la réalité. Et tout ce temps libéré lui donne le vertige, l'angoisse comme il ne l'aurait pas soupçonné, le déprime même. Car rien de tout cela ne le comble. Roger a surestimé les gains de sa mise à la retraite, en les idéalisant, et il a sous-estimé les pertes : plus de décisions à prendre, de conseils à donner, de coups de fil à passer. Roger, qui a eu la chance d'avoir une vie professionnelle trépidante et influente pendant de longues années, n'a pas anticipé le manque, le sentiment poisseux de vacuité. Il réalise avec étonnement qu'on passe sans transition dans le camp des inactifs, privés de pouvoir. Il se sent perdu, loin de ses repères. Il se produit chez lui une perte d'identité qui le fragilise. Il est loin d'être le seul ! Certains d'ailleurs tombent malades à ce moment-là, ce que j'ai du mal à voir comme une simple coïncidence. Roger passe par une phase de dépression qui exprime bien sa difficulté à s'adapter à ce changement radical de statut. Elle va lui permettre d'envisager la suite autrement, avec un travail moins prenant, mais qui le rapproche de celui qu'il était et qui lui reste familier. Roger ne mesurait certainement pas, avant de fermer définitivement la porte de son bureau, qu'il était à ce point conditionné par son travail et par les bénéfices qu'il en tirait.

Conclusion

Vous vous êtes sans doute reconnu dans l'une ou l'autre de ces histoires. Car lequel d'entre nous ne s'est pas senti, un jour, entravé par un lien affectif devenu emprisonnant, avec plus ou moins de force, plus ou moins longtemps ? Ces liens que nous tissons avec des proches, en famille, dans notre couple, avec nos amis et même au travail, sont faits de fils qui nous relient, à notre insu, à notre histoire personnelle et familiale. Ils nous donnent l'occasion de rejouer des scénarios passés, de notre enfance, souvent, de notre adolescence. Nous les subissons car ils viennent nous donner pendant un temps l'illusion que nous comblons nos manques, que nous pansons les blessures qui nous ont tant fait souffrir.

Nous nous mettons alors, sans le vouloir, sans le savoir, dans des situations de dépendance affective qui peuvent nous enfermer, nous asphyxier, qui en tout cas nous rendent bien vulnérables ! Il faut parfois beaucoup de temps pour ressentir le malaise qui naît de ces liens ambigus. Angoisse, tristesse, troubles du sommeil, mauvaise humeur, colère, plaintes somatiques… ce sont souvent ces clignotants qui s'allument pour nous dire : « Attention ! »

Mais comme nous l'avons vu à travers ces témoignages, ces liens apportent bien souvent, dans un premier temps en tout cas, un sentiment de mieux-être, auquel il n'est pas facile de renoncer ; ils nous donnent l'illusion qu'ils nous rassurent, ils nous gardent dans l'espérance d'un amour qui nous renforce, et c'est ce qui nous retient.

Quand l'emprise se joue au travail, la peur de se retrouver sans emploi ou de perdre un poste convoité se comprend aisément. Le danger est concret ! Mais cette peur est à l'œuvre dans bien d'autres contextes, de manière plus insidieuse… Le danger est alors de l'ordre du fantasme plus que de la réalité, il procède de nos projections, du récit intérieur que nous élaborons nous-mêmes et que nous écoutons. Dans un sens c'est elle, la peur, qui nous emprisonne ! La peur de se confronter à ce conjoint qui pourtant nous étouffe, la peur de perdre cet amoureux qui n'est pas disponible, la peur de s'éloigner de ce père, de cette mère, qui nous ont été si dévoués. Peur d'être abandonné, d'être humilié, de s'opposer en prenant le risque d'être moins aimé ! Ce sont ces peurs que nous devons interroger. De quoi se nourrissent-elles ? Pourquoi sont-elles encore si vivantes ? Nous protègent-elles vraiment ? Ne pouvons-nous pas nous en délester ? Ont-elles, encore aujourd'hui, un sens ?

C'est ce questionnement, seul ou accompagné, souvent au détour d'un événement de la vie qui nous bouscule, qui va nous permettre d'oser faire bouger les lignes, de sortir du schéma qui nous empoisonne, qui nous emprisonne. Et va nous laisser entrevoir la possibilité d'ouvrir la porte de la cage. Si dorée soit-elle ! Cette remise en question, qui nous contraint à réinterroger notre histoire, à revisiter notre passé en tournant le dos à la nostalgie, est incontournable. Elle va nous permettre de reconnaître le déséquilibre dans la relation et nous faire toucher du doigt ce qui nous entrave. Sans cette reconnaissance rien n'est possible, il ne faut pas en avoir peur. Car s'il faut en passer par là pour sortir de l'ornière, cela ne va pas forcément aboutir à de grandes ruptures. Parfois, il s'agit seulement de changements de positions minimes, permettant de trouver un nouvel équilibre qui nous redonne cette part de liberté que nous avions perdue. Il faut simplement oser le changement, même s'il est audacieux et qu'il nous insécurise un instant, oser la confrontation, oser même l'idée de souffrir un moment, et trouver la force d'y faire face !

Nous pouvons aussi nous reconnaître dans des situations où c'est nous, cette fois-ci, avec les meilleures intentions, qui exerçons notre emprise sur les autres. Par exemple, nous instrumentalisons un enfant, sans lui vouloir du mal, parce que cela nous arrange, parce que cela nous répare. Nous voulons à tout prix aider, porter, sauver une amie, un frère, une sœur, parce que cela donne un sens à notre vie ! Nous avons tendance à dénigrer notre conjoint, notre conjointe, parce que nous voudrions le façonner selon un idéal qui est le nôtre – mais qui n'a rien à voir avec ce qu'il est.

Là encore, il faut avoir l'audace de questionner ces pleins pouvoirs que nous prenons. Ils nous rassurent, nous donnent l'illusion d'être fort, puissant, confiant, indispensable. Mais quelles faiblesses masquent-ils ? Que viennent-ils compenser de ce que nous avons perdu ? Ou, peut-être, de ce que nous enrageons de n'avoir jamais eu ?

Au fond, se dégager de cet amour qui emprisonne, ce serait prendre de la distance avec le petit enfant que nous avons été : évidemment vulnérable et dépendant, parfois adulé, idolâtré, tout-puissant ou, au contraire, malmené, humilié, blessé. C'est savoir qu'il a existé, reconnaître ce qu'il a été, mais tranquillement se détourner de lui. Pour devenir pleinement adulte.

Bibliographie

Ancelin Schützenberger, Anne, *Aïe, mes aïeux !*, Desclée de Brouwer, 2007.

Blanc, Catherine, *La sexualité des femmes n'est pas celle des magazines*, La Martinière, 2004.

Brasseur, Diane, *Les Fidélités*, Allary Éditions, 2014.

Brune, Élisa, *La Révolution du plaisir féminin*, Odile Jacob, 2012.

Carquain, Sophie, *Trois filles et leurs mères, Duras, Colette, Beauvoir*, Charleston Éditions, 2014.

Carquain, Sophie, Vaillant, Maryse, *La Répétition amoureuse*, Albin Michel, 2010 ; *Entre sœurs*, Albin Michel, 2008.

Charrier, Catherine, *L'Attente*, Kero, 2012.

Cohen, Albert, *Le Livre de ma mère*, Gallimard, 1974.

Comte-Sponville, André, *L'Amour la solitude*, Albin Michel, 2000.

Duroy, Lionel, *Le Chagrin*, Julliard, 2010.

Cyrulnik, Boris, *Les Nourritures affectives*, Odile Jacob, 2000 ; *Les Vilains Petits Canards*, Odile Jacob, 2004 ; *Les Âmes blessées*, Odile Jacob, 2014.

Fauré, Christophe, *Ensemble mais seuls*, Albin Michel, 2009 ; *Maintenant ou jamais*, Albin Michel, 2011 ; *Est-ce que tu m'aimes encore ?*, Albin Michel, 2013.

Ferney, Alice, *Cherchez la femme*, Actes Sud, 2013.
Fottorino, Éric, *Questions à mon père*, Gallimard, 2010.
Garcin, Jérôme, *Olivier*, Gallimard, 2011.
Gary, Romain, *La Promesse de l'aube*, Gallimard, 1973.
Hefez, Serge, Laufer, Danièle, *La Danse du couple*, Hachette, 2005.
Humbeeck, Bruno, *Un chagrin d'amour peut aider à grandir*, Odile Jacob, 2013.
Lindon, Mathieu, *Ce qu'aimer veut dire*, POL, 2011.
Marzano, Michela, *Légère comme un papillon*, Grasset, 2012 ; *Tout ce que je sais de l'amour*, Stock, 2014.
Miller, Alice, *Le Drame de l'enfant doué*, PUF, 1983.
Pleux, Didier, *Les Adultes tyrans*, Odile Jacob, 2014.
Renard, Delphine, *Tu choisiras la vie*, Grasset, 2013.
Rufo, Marcel, *Frères et sœurs, une maladie d'amour*, Le Livre de poche, 2003.
Sznajder, Marc, *Les Aînés et les Cadets*, Odile Jacob, 2011.
Tardieu, Laurence, *Une vie à soi*, Flammarion, 2014 ; *La Confusion des peines*, Stock, 2011 ; *Un temps fou*, Le Livre de poche, 2010.
Vigan, Delphine de, *No et moi*, Le Livre de poche, 2009 ; *Rien ne s'oppose à la nuit*, JC Lattès, 2011 ; *Les Heures souterraines*, Le Livre de poche, 2011.

DU MÊME AUTEUR

CHEZ ALBIN MICHEL

Le jour où les enfants s'en vont, 2012.

Premiers émois, premières amours, 2008.

Lâche un peu ton ordinateur !, Comment mettre des limites, avec C. Firmin-Didot, 2006.

Non, tu t'es pas encore ado !, Les 8-12 ans sont toujours des enfants, avec G. de la Borie, 2004.

Peur du loup, peur de tout, Peurs, angoisses, phobies chez l'enfant et l'adolescent, 2003.

Vos enfants ne sont pas des grandes personnes, 1999.

Composition : IGS-CP
Impression : CPI Firmin-Didot en avril 2015
Éditions Albin Michel
22, rue Huyghens, 75014 Paris
www.albin-michel.fr
ISBN : 978-2-226-31662-2
N° d'édition : 21388/01 – N° d'impression : 126135
Dépôt légal : mai 2015
Imprimé en France